国家社科基金西部项目"长江上游地区生态产品价值市场化实现路径研究"（19XJY004）

国家社科基金重大项目"长江上游生态大保护政策可持续性与机制构建研究"（20&ZD095）

环境规制对三峡库区绿色发展影响研究

李春艳　著

西南交通大学出版社

·成　都·

图书在版编目（CIP）数据

环境规制对三峡库区绿色发展影响研究 / 李春艳著. 一成都：西南交通大学出版社，2021.10
ISBN 978-7-5643-8317-6

Ⅰ. ①环… Ⅱ. ①李… Ⅲ. ①环境规划 – 影响 – 三峡水利工程 – 绿色经济 – 区域经济发展 – 研究 – 重庆 Ⅳ. ①F127.719

中国版本图书馆 CIP 数据核字（2021）第 206902 号

Huanjing Guizhi dui Sanxia Kuqu Lüse Fazhan Yingxiang Yanjiu
环境规制对三峡库区绿色发展影响研究

李春艳　著

责 任 编 辑	孟秀芝
封 面 设 计	原谋书装
出 版 发 行	西南交通大学出版社 （四川省成都市金牛区二环路北一段 111 号 西南交通大学创新大厦 21 楼）
发 行 部 电 话	028-87600564　028-87600533
邮 政 编 码	610031
网　　　　址	http://www.xnjdcbs.com
印　　　　刷	四川煤田地质制图印刷厂
成 品 尺 寸	170 mm × 230 mm
印　　　　张	9.75
字　　　　数	161 千
版　　　　次	2021 年 10 月第 1 版
印　　　　次	2021 年 10 月第 1 次
书　　　　号	ISBN 978-7-5643-8317-6
定　　　　价	68.00 元

图书如有印装质量问题　本社负责退换
版权所有　盗版必究　举报电话：028-87600562

前 言

三峡库区位于长江经济带上游地区，三峡水库是我国重要的淡水资源战略储备库，三峡工程是迄今为止世界上规模最大的水利枢纽工程和综合效益最为显著的水利水电工程。推动三峡库区走绿色发展之路，对确保三峡水库淡水资源安全和三峡工程运行安全具有重大意义，"保护好三峡库区和长江母亲河，事关重庆长远发展，事关国家发展全局"。环境规制作为政府协调经济增长与生态环境保护的重要手段，对三峡库区实现"生态优先、绿色发展"目标具有重要意义。然而，三峡库区区情特殊，环境规制的制定与工程运行、移民生计、生态安全等问题相互交织，环境规制效应的发挥面临诸多挑战。三峡库区环境规制对绿色发展影响的内在机制是什么？在不同发展阶段、不同区域、对不同的群体产生了怎样的影响？实现三峡库区的绿色发展应采取哪些有效环境措施？研究上述问题，对于优化调整三峡库区环境规制、推动三峡库区绿色发展、保障三峡工程长期安全运行具有重要意义。

本书以三峡库区环境规制对绿色发展影响为研究对象，三峡库区涉及湖北省、重庆市共计 26 个区县，本书研究区域主要包括重庆市所辖的巫山县、巫溪县、奉节县、云阳县、开州区、万州区、忠县、涪陵区、丰都县、武隆区、石柱县、长寿区、渝北区、巴南区、江津区、渝中区、北碚区、沙坪坝区、南岸区、九龙坡区、大渡口区和江北区等 22 个区县。在对环境规制、绿色发展、环境规制对绿色发展影响等既有研究回顾基础上，结合经济增长、制度结构、资源环境承载、外部性等理论，分析了环境规制影响绿色发展的理论机制，并进一步从正式环境规制对绿色发展效率的影响、非正式环境规制对绿色发展行为的影响两个维度提出具体研究假设。在实证分析部分，一是基于 2004—2018 年三峡库区经济社会环境面板数据的整理，运用 OLS 和空间计量分析模型，系统研究了正式环境规制对绿色发展效率的影响；二是借助在三峡库区 22 个区县调研获得的 1 120 份问卷，运用 OLS 模型，系统研究了非正式环境规制对绿色发展行为的影响。最后，提出完善环境规制政策顶层设计、动态调整优化差异化规制工具等建议，以促进三峡库区的绿色发展。

本书研究结论如下：

第一，随着环境规制的日益加强，三峡库区绿色发展呈现出较好的发展态势。三峡库区环境治理成效逐渐凸显，环境规制强度由2004年的0.6580逐步提高到2018年的0.7366，但在中期有小幅度降低。库腹地区环境规制强度高于库尾地区，表明国家对三峡库区重点区域生态环境的高度重视。三峡库区绿色发展水平呈现持续上升趋势，库尾地区绿色发展水平明显高于同时期的库腹地区，且从2011年开始，这一差距有逐步拉大的趋势。

第二，正式环境规制对三峡库区绿色发展效率促进效应显著。环境规制的一次项系数为4.6592，在10%的显著性水平显著，环境规制二次项系数为-0.5534，在10%的显著性水平显著，环境规制与绿色发展效率之间呈倒U形曲线关系，说明环境规制对绿色发展效率的影响存在一个阈值，当环境规制强度小于该阈值时，增强环境规制有利于提高绿色发展效率；当环境规制强度大于阈值时，环境规制对绿色发展效率的抑制作用占主导。从空间效应看，环境规制一次项对本地区影响系数为4.7204，在1%的显著性水平显著，环境规制对本地区绿色发展效率提高有显著促进作用，环境规制二次项对本地区绿色发展效率影响系数为-0.5613，在1%的显著性水平显著。从间接效应看，环境规制一次项对本地区外的其他地区绿色发展效率具有负向溢出效应，环境规制二次项对本地区外的其他地区绿色发展效率具有正向溢出效应，但是间接效应均不显著。

第三，产业结构和城镇化在环境规制影响绿色发展效率过程中有显著调节作用。环境规制一次项与产业结构交互项的回归系数为-0.2040，在10%的显著性水平显著，呈现较强的负向交互效应，说明以高耗能高污染为特征的低端产业结构不利于环境规制推动绿色发展效率的提高。库腹地区和库尾地区环境规制一次项与产业结构交互项的回归系数为负，环境规制二次项与产业结构交互项的回归系数为正，两者均显著，产业结构的调节作用呈U形，说明伴随着新型工业对低端工业的替代，产业结构的调节作用为正。城镇化在环境规制影响绿色发展效率过程中的调节作用总体为正向，但是库腹地区受工程建设和库区移民影响，早期城镇化以被动式人口集聚为主，因此城镇化在环境规制影响绿色发展效率过程中的调节作用为负。

第四，非正式环境规制对三峡库区绿色发展行为影响效应显著，但在私人领域和公共领域，非正式环境规制对绿色发展行为的影响有差异。从私人领域看，环境风险感知、环境意识、环境治理感知、环境知识对绿色发展行为的影响都显著，其中环境意识、环境治理感知、环境知识的系数分别为 0.070 7、0.273 0、0.641 5，对绿色发展行为是正向影响，环境风险感知系数为 -0.068 2，对绿色发展行为是负向影响。从公共领域看，环境意识、环境治理感知、环境知识的影响效应显著，其中环境治理感知、环境知识是正向影响，环境意识是负向影响。通过异质性分析发现，库腹地区和库尾地区之间、城市和镇村之间，非正式环境规制对绿色发展行为的影响是有区别的。从被调研对象的个体特征看，年龄偏小的受访群体在公共领域的绿色发展行为积极性高，年龄偏大的受访群体在私人领域的绿色发展行为积极性高；具有党员身份的受访群体在公共领域的绿色发展行为更为积极，这一现象在库腹地区表现尤为明显。

第五，基于正式环境规制和非正式环境规制对三峡库区绿色发展的影响，从环境规制角度提出五个方面的建议推动三峡库区绿色发展：完善环境规制政策顶层设计，编制"三峡库区绿色发展建设总体规划"；动态调整优化环境政策，从单纯的控污减排向建设和谐生态系统转化；优化不同环境规制工具组合，发挥正式环境规制和非正式环境规制在各自维度的作用；建立环境规制的区域协调机制，形成区域绿色发展的联防联控合作网络；探索多元化、市场化生态产品价值实现路径。

本书的创新点主要有：一是将环境规制对绿色发展影响的研究维度进行了拓展。库区居民靠水而居，其绿色行为既是三峡库区绿色发展的组成部分，亦是推动三峡库区绿色发展的隐性动力。将环境意识、环境知识等非正式环境规制纳入研究框架，通过调查问卷数据进一步分析了非正式环境规制对绿色发展行为的影响，探索了从个体居民层面研究绿色发展问题的可能，弥补了仅利用统计数据进行单向分析的不足，研究维度更加多元化。二是研究区域跳出行政区划的局限，针对三峡库区这一具有典型流域特征的研究区域，通过选取化肥农药施用量，在问卷中设计如水污染、消落带保护、森林植被保护、畜禽养殖污染等具有库区特色的相关指标，突出库区绿色发展的特殊性；在研究方法上将长时间段的统计数据和某个时间点的截面调查数据相结合展开研究，力求挖掘差异化背景和时间节点下的典型特征。三是研究发现环境规制对绿色发展的影响在不同的区域、不同的经济发展阶段，对不同群体存在差异性，提出环境政策的设计需要从调整结构、提升质量、增加转型内生动力入手，环境规制的制定要针对不同的人群，并结合多种政策工具的组合，才能实现三峡库区的绿色发展。

本书是在我的博士论文基础上修改完成的。在此，感谢我的学业导师文传浩教授，从论文的选题、研究框架形成到多次修改乃至最终定稿，无不倾注了大量心血，导师专精不懈的学术追求与宽厚谦和的人格魅力，是我学习的标杆和榜样。感谢我的事业导师陶景良教授，老先生为人宽宏谦和，长期致力于三峡库区研究，多次开展三峡专题讲座，将所经历三峡之事如数家珍般历历道出，不断增进了我对三峡库区的了解。两位导师治学严谨的态度和谆谆教导，让我不敢有丝毫懈怠，唯有在以后的人生道路上勤勉有成，方能报答这份厚重的师恩。感谢所有曾经给我授课和解惑的老师，感谢长江上游流域复合生态系统管理创新团队，感谢我的同门师姐、师弟师妹们，感谢博士期间一路同行的同窗好友们。

特别感谢国家社科基金西部项目（19XJY004）、国家社科基金重大项目（20&ZD095）在书稿形成、修改和完善中给予的大力资助，感谢重庆社会科学院对本书出版的鼎力支持！

本书完成是我学术生涯新的起点。写作中经历的自我否定、寻求解决、更新认识的过程，既让我发现了自身的不足，也坚定了我从事研究工作的信念。受本人能力所限，本书在研究内容上还有不少尚待解决的问题，这是我继续前进的动力。未来，我将铭记师训，在这条既艰辛又快乐的学术道路上，沿着自己的研究方向继续摸索，不断前行。

李春艳

2021年5月

目 录

1 绪 论 ·· 1
   1.1 研究背景 ··· 1
   1.2 研究回顾 ··· 5
   1.3 研究目标和意义 ·· 13
   1.4 研究内容和研究思路 ·· 15
   1.5 研究特色与研究创新 ·· 18

2 概念界定与理论基础 ··· 20
   2.1 概念界定 ·· 20
   2.2 理论基础 ·· 27
   2.3 本章小结 ·· 32

3 环境规制影响绿色发展的理论机制 ·· 33
   3.1 环境规制对绿色发展的影响 ·· 33
   3.2 正式环境规制对绿色发展效率的影响 ···························· 38
   3.3 非正式环境规制对绿色发展行为的影响 ························· 42
   3.4 本章小结 ·· 47

4 三峡库区环境规制与绿色发展演变 ·· 48
   4.1 研究区域与发展现状 ·· 48
   4.2 三峡库区环境规制体系 ··· 55
   4.3 三峡库区环境规制强度时空演变特征 ···························· 62
   4.4 三峡库区绿色发展效率时空演变特征 ···························· 68
   4.5 本章小结 ·· 73

5 正式环境规制对三峡库区绿色发展影响实证研究 ······················ 75
   5.1 研究设计 ·· 75
   5.2 实证结果 ·· 82
   5.3 稳健性检验 ··· 91

5.4 本章小结 ·· 92

6 正式环境规制对三峡库区绿色发展的调节效应与异质性考察 ············ 93
6.1 调节效应分析 ··· 93
6.2 异质性考察 ·· 100
6.3 本章小结 ··· 105

7 非正式环境规制对三峡库区绿色发展影响实证研究 ························· 106
7.1 研究设计 ··· 106
7.2 实证分析结果 ··· 110
7.3 基于不同维度分样本的异质性分析 ·· 114
7.4 稳健性检验 ·· 118
7.5 本章小结 ··· 119

8 环境规制促进三峡库区绿色发展的建议 ··· 121
8.1 三峡库区绿色发展面临的新形势 ··· 121
8.2 促进三峡库区绿色发展的建议 ·· 123
8.3 本章小结 ··· 128

9 研究结论与展望 ·· 129
9.1 研究结论 ··· 129
9.2 不足与展望 ·· 131

参考文献 ·· 134

1 绪 论

1.1 研究背景

1.1.1 现实背景

1）绿色发展是中国社会经济发展的历史必然

绿色发展是我国发展现阶段的必然选择。在社会发展的原始阶段，人类对自然的抵抗力较低，对自然的态度是敬畏和崇拜。进入农业社会后，社会生产成果取决于自然条件，人类对自然采取顺从的态度。进入工业社会后，随着科学技术的发展，人类通过掌握工具，开始改造自然，人与自然之间的矛盾逐渐激化。生态环境已经成为全球发展面临的共同问题。随着我国改革开放的深入，国家总体经济实力得到较大提升，经济增速常年保持在9%左右，到2010年我国已经成为全球第二大经济体。社会生活水平不断提高，也伴随着环境污染问题的日益加剧。例如，近年来雾霾等大气污染、土壤污染、水污染等频频出现，以及人们关注的食品安全问题日益突显。促进社会经济发展与自然环境保护相融合是21世纪最重要的议题之一，也是发达国家与发展中国家共同面临的新挑战。作为一个全新的发展路径，绿色、低碳、循环已经成为我国寻求高效、可持续发展模式的战略选择。

党中央历来高度重视生态环境问题，绿色发展是满足人民美好生活的重要保障。我国绿色发展实践始于20世纪50年代，顺应当时国情，全国形成了节约资源、提高资源利用效率的氛围，并掀起了植树造林的热潮。改革开放以来，国家加快了环境保护法律法规的建设工作，在社会生活的各个层面推进可持续发展，为我国经济建设打下了良好基础。尤其是党的十八大以来，党和国家将生态文明建设提高到战略高度，党的十八大报告提出"建设生态文明是关系人民福祉、关乎民族未来的长远大计""要树立尊重自然、顺应自然、保护自然的生态文明理念"；党的十八届五中全会提出"创新、协调、绿色、开放、共享"的新发展理念；在"十三五"规划建议中提出要"为人民提供更多优质生态产品""推动形成绿色发展方式和生活方式"，实现绿色惠民。2017年10月18日，习近平总书记在党的十九大报告中提出推进绿色发展，加快建立绿色生产和消费的法律制度和政策导向，建立健全绿色低碳循环发展的经济体系。习近平总书记还在多个场合提到绿色发展理念，强调"生态兴则文明兴，生态衰则文明衰""保护生态环境就是保护生产力，改善生态环境就是发展生产力""我们既要绿水青山，也要金山银山。宁要绿水青山，不要金山银山，而且绿水青山就是金山银山"。2020年10月29日通过的《国民经济和社会发展第十四个五年规划和二〇三五年远景目标的建议》中提出，"构建生态文明体系，促进经济社会发展全面绿色转型，建设人与自然和谐共生的现代化"。这意味着推动我国经济发展模式绿色化转变已经成为新时代的必然选择。

2）绿色发展是实施长江经济带发展战略的内在要求

推动长江经济带发展是党中央做出的重大决策，是关系国家全局发展的重大战略。2016年1月5日，习近平总书记在重庆主持召开长江经济带发展座谈会，会议提出"推动长江经济带发展必须从中华民族长远利益考虑，走生态优先、绿色发展之路，使绿水青山产生巨大生态效益、经济效益、社会效益，使母亲河永葆生机活力"。2016年3月16日，十二届全国人大四次会议通过的"十三五"规划纲要提出，"把修复长江生态环境放在首要位置，推动长江上中下游协同发展、东中西部互动合作，建设成为我国生态文明建设的先行示范带、创新驱动带、协调发展带"。2017年10月，党的十九大报告进一步明确"以共抓大保护、不搞大开发为导向推动长江经济带发展"。2018年4月26日，习近平总书记在武汉主持召开深入推动长江经济带发展座谈会，会议提出"要以壮士断腕、刮骨疗伤的决心，积极稳妥腾退化解旧动能，破除无效供给，彻底摒弃以投资和要素投入为主导的老路，为新动能发展创造条件、留出空间，实现腾笼换鸟、凤凰涅槃"。2020年11月14日，习近平总书记在南京主持召开全面推动长江经济带发展座谈会，会议强调"坚定不移贯彻新发展理念""使长江经济带成为我国生态优先绿色发展主战场、畅通国内国际双循环主动脉、引领经济高质量发展主力军"。

近年来，国家陆续出台长江经济带发展的一系列政策文件，通过强化环境管理推动长江经济带绿色发展。2014年《国务院关于依托黄金水道推动长江经济带发展的指导意见》提出建设生态文明建设的先行示范带。《长江经济带发展规划纲要》(2016)强调,严格治理工业污染、严格处置城镇污水垃圾、严格控制农业面源污染、严格防控船舶污染。《关于加强长江经济带工业绿色发展的指导意见》(2017)要求,加快长江经济带传统制造业绿色化改造升级,不断提高资源能源利用效率和清洁生产水平。《长江经济带生态环境保护规划》(2017)再次强调,努力把长江经济带建设成为水清地绿天蓝的绿色生态廊道和生态文明建设的先行示范带。

3)绿色发展是协调三峡库区生态经济建设的最佳选择

三峡库区是长江经济带的重要组成部分,保障国家战略性淡水资源库安全,筑牢长江上游生态屏障离不开三峡库区的绿色发展。2009年年底,三峡枢纽工程、输变电工程、移民迁建安置任务均已如期完成。2020年11月,三峡工程完成整体竣工验收全部程序,三峡库区发展进入新的阶段。一方面,三峡水库是国家最大的淡水资源库,位于我国腹心地带,具有重大的国家安全战略价值。三峡坝址多年平均径流量约4 500亿立方米,三峡水库库容大,可对上游来水进行较好调节,对提高库区和长江中下游生产生活用水安全保障能力、优化中国跨流域水资源调配、缓解北方干旱缺水状况具有重要作用。另一方面,三峡水库及其周边地区是我国重要的复合生态系统区,域内动植物丰富,生态功能复杂,是长江上游地区重要生态屏障。因此,走绿色发展道路是三峡库区完善重要生态功能的内在要求。

绿色发展是破解三峡库区经济发展和生态保护矛盾的重要途径。从生态环境看,三峡库区现状不容乐观。2018年,长江支流196个断面中,未达到Ⅲ类水质断面比例占20.4%,劣Ⅴ类水质断面比例占6.1%,受到沿江企业布局、农业面源污染、生活污水排放等问题困扰,导致库区部分河段"水华"爆发频率呈现逐年增加的趋势。2018年,三峡库区水土流失面积1.85万平方千米,大量的水土流失造成泥沙淤积,影响三峡工程防洪安全。从经济发展需求看,三峡库区地处山区,人地矛盾尖锐,经济发展水平低,为短期经济利益而破坏环境的行为时有发生。根据2020年5月中央第四生态环境保护督察组反馈情况看,三峡库区长江岸线有地方违规建设港口码头,侵占破坏岸线,岸线生态修复困难。仍有企业选址位于长江干流1千米范围,违反国家有关规定。还有企业擅自改变环评指定的固体废物堆存地点,导致污染水源直排长江。同时,长江两岸对水源涵养具有重要作用的山体林地受到破坏,既有农民为了发展经济林导致山林"开天窗"现象,又有在国家森林公园违规建设相关旅游设施的现象。是要绿水青山还是要金山银山，如何将绿水青山转化为金山银山，一直是困扰三峡库区发展的难题，而绿色发展成为破解这一难题的重要途径。

1.1.2 政策背景

1）我国已经逐步建立起绿色发展的制度体系

我国首部环境保护法于1979年颁布，该法律对我国环境污染防治做了原则性规定。1992年《中国环境与发展十大对策》颁布，提出要在我国全面推广实施可持续发展战略。1995年，我国确定"实施两个根本性转变"方略。1996年，"九五"计划开始推行"总量控制"和"绿色工程"两大举措。2005—2009年，我国相继颁布和实施《关于落实科学发展观加强环境保护的决定》和《循环经济促进法》等多部环境保护相关的法律法规。2008年，全国人大批准成立环境保护部，后于2018年，组建生态环境部。"十二五"规划再次将"建设资源节约型、环境友好型社会"作为指导思想和发展目标。党的十八大更是将生态文明建设提高到前所未有的高度，提出要将生态文明建设纳入中国特色社会主义事业"五位一体"总体布局，建设美丽中国，实现中华民族的永续发展。党的十八届三中全会要求，围绕建设美丽中国深化生态文明体制改革，加快建立系统完整的生态文明制度体系。由自然资源资产产权制度、国土开发保护制度、资源总量管理和节约制度、资源有偿使用和补偿制度、环境治理和生态保护市场体系、绩效考核和责任追究制度等方面共85项改革任务和成果，构成了源头严防、过程严管、后果严惩的生态文明治理体系。党的十八大以来，我国相关职能部门出台了上百部环境经济政策，涉及环境信用、环境财政、绿色税费、绿色信贷、绿色证券、绿色价格、绿色贸易、绿色采购、生态补偿、排污权交易等多个方面，覆盖社会经济活动全链条，不同的政策单独或者共同调整着生产、流通或消费环节的社会经济行为，成为绿色发展的重要制度保障。

2）三峡库区后续工作明确提出绿色发展的要求

三峡工程整体竣工验收后，国务院对制定和实施三峡后续工作规划做出重大决策部署。《关于完善大中型水库移民后期扶持政策的意见》（国发〔2006〕17号）指出要逐步建立促进库区经济发展、水库移民增收、生态环境改善、农村社会稳定的长效机制,使水库移民共享改革发展的成果,实现库区和移民安置区经济社会可持续发展。2011年5月18日,国务院常务会议讨论通过了《三峡后续工作规划》,指出三峡库区首要任务由成库前的三峡工程建设和移民转变为成库后的库区生态环境保护和库区移民安稳致富,主要包括移民安稳致富和促进库区经济社会发展、库区生态建设与环境保护、库区地质灾害防治、三峡工程运行对长江中下游影响的处理、三峡工程运行管理体制与能力建设、三峡水库运行调度与综合效益拓展等六个方面,强调建立促进库区稳定发展的长效机制,促进库区经济结构调整和社会转型,提高三峡水库在我国水资源配置中的战略作用。《全国对口支援三峡库区合作规划(2014—2020年)》提出,要支持三峡库区发展以柑橘、茶叶、榨菜、中药材、肉牛羊等为主的生态农业,加大对三峡库区的支持力度,做好水源涵养地、生物多样性保护区、水土保持等工作,探索生态环境保护的合作新模式。

1.2 研究回顾

1.2.1 关于环境规制的研究

我国早期对环境规制研究注重经验的学习和摸索,将国外经验与本国实际相结合。秦奋(1980)引入了日本环境宣言的相关介绍,对我国改革开放之初环境建设起到很好的借鉴意义[1]。王曦(1984)针对美国在国家环境政策建设中的主要做法,提出我国环境机构建设的相关建议[2]。江源(2002)总结了多个国家在城市垃圾回收处理中的经验,提出我国应高度重视大城市发展中的垃圾围城现象[3]。周富祥(1982)、曲格平(1986)认为,我国工业企业尤其是乡镇企业无约束发展所带来的污染给我国环境造成了巨大危害,应该从技术升级和产业布局角度对工业企业加强管理,有效控制污染问题[4-5]。林定恕(1980)、毛传新(1998)指出,环境管理是实现可持续发展的重要措施,要通过加强企业的全面管理积极控制和消除"三废"污染[6-7]。

随着改革开放实践的深入,对环境规制的研究从管理层面向治理层面转化,更加关注环境规制影响的多样化和环境规制内部的差异性。一是关于环境规制对产业、投资、技术等的影响。江珂等(2011)发现,环境规制强度对发展中国家和发达国家的影响不同,环境规制较强,发展中国家的外商直接投资将减少,而发达国家的外商直接投资则不受环境规制强度的影响[8]。李怀政(2011)发现,环境规制对环境技术进步起促进作用[9]。张中元等(2012)发现,从工业领域看,环境规制越强,越有利于提高当地的工业技术水平[10]。王锋正等(2015)提出,对于资源型产业来说,提高环境规制强度,有利于促进行业规模扩大和科技投入,从而提高产业技术创新水平[11]。张志强(2016)认为,对于制造业来说,环境规制可以加速产业对前沿技术的吸收和应用[12]。涂正革等(2019)分析了环境规制改革对工业二氧化硫排放和企业绩效的影响[13]。林春艳等(2019)运用空间杜宾模型推导出环境规制对本地和邻地的绿色技术进步都有显著影响,但所呈现的正负影响有差异[14]。二是关于环境规制影响的异质性考察。李婉红(2015)发现,对于不同经济发展水平地区而言,排污费对绿色发展技术创新的影响作用存在差异[15]。薄文广等(2018)发现,地方政府的命令型和市场型环境规制表现为"逐底竞争"特征,自主型环境规制呈现"逐顶竞争"特征[16]。屈小娥(2018)检验了命令型环境规制、经济型环境规制和监管型环境规制对雾霾污染的直接效应与间接效应[17]。刘明广(2019)发现,对企业绿色创新的影响,激励型环境规制效果最优,公众参与型环境规制次之,命令型环境规制效果最弱[18]。殷宝庆(2012)发现,在制造业领域,环境规制与绿色全要素生产率的关系为非线性,总体上呈 U 形。秦炳涛和葛力铭(2018)发现,环境规制与环境污染集聚呈现倒 U 形关系[19]。

也有部分学者从环境规制的差异着手,开始关注非正式环境规制。Pargal&Wheeler(1996)发现,当政府提出的环境规制达不到效果时,社会中会出现一些非政府组织或团体与污染厂商开展谈判,督促实施环境改善的相关措施,这类现象可以称为"非正式规制",即社会团体为了保护自身利益而开展的环境保护行为[20]。Kathuria&Sterner(2006)指出,基于厂商对自身社会信誉的考量,负面信息可能导致企业销售的下降。因此,非正式环境规制的社会影响会有效制约污染厂商的环境行为[21]。Kathuria(2007)认为,在发展中国家,由于经济发展的需求更为迫切,正式环境规制对污染厂商的污染行为制约更为有限[22]。傅京燕(2009)通过对发展中国家和发达国家的对比分析,认为在发展中国家,社会团体的参与等非正式环境规制对污染厂商的排污行为制约效应更明显[23]。赵玉民等(2009)认为,环境规制分为显性规制和隐性规制两类,隐性规制主要表现为内在于个体的无形的环保思想、环保观念、环保意识、环保态度和环保认知等[24]。徐圆（2014）从非正式环境规制的有效性出发，认为普通民众对污染事件的网络关注能够直接促进工业污染的治理[25]。原毅军和谢荣辉（2014）、周海华和王双龙（2016）等认为，非正式环境规制对于产业结构升级以及企业的绿色创新均具有显著的正向驱动效应[26-27]。

关于环境规制的测评方法，大致分为四类：一是基于污染治理投入的衡量方法。Cole et al.（2008）、Pearce&Palmer（2001）采用环境机构人数、环境保护相关的行政处罚案件数、政府和企业污染治理的投入等来衡量环境规制强度[28-29]。张成等（2011）使用地区单位产值的污染减排支出来衡量地区的环境规制强度[30]。二是基于污染物排放的衡量方法。Javorcik&Wei（2004）使用单位产值二氧化碳、铅和废水的减排量来衡量环境规制强度[31]。傅京燕等（2010）、宋琳和吕杰（2017）、杨喆等（2018）使用工业废水排放达标率、工业二氧化硫去除率、固体废物综合利用率等工业污染治理成效指标来衡量环境规制强度[32-34]。杨振兵等（2015）、纪建悦等（2019）构造了一个新的环境规制强度指标，考察了环境规制中国区域经济发展的影响[35-36]。三是基于综合评价的衡量方法。陈德敏和张瑞（2012）、程都和李钢（2017）、全禹澄和李志青（2020）尝试从投入、过程和结果等多个维度拟合出综合性的评价指标[37-39]。四是基于自然试验和替代指标的衡量方法。Greenstone（2002）、Kahn&Mansur（2013）采用自然实验的倍差法证明环境规制会带来非达标地区污染密集型行业就业的减少[40-41]。李树和陈刚（2013）利用《大气污染防治法》（APPCL 2000）的修订这一自然实验，考察了环境管制对中国工业行业全要素生产率增长的影响[42]。崔立志、常继发（2018）通过年龄结构、人口密度、环境信访件数、收入水平和受教育程度对环境规制进行测度[43]。

1.2.2 关于绿色发展的研究

对绿色发展概念的认识可以追溯至20世纪80年代末。1989年，英国经济学家皮尔斯出版了《绿色经济蓝皮书》一书，倡导建立"可承受的经济"，该书首次提出"绿色经济"的观念。"绿色经济"将经济、社会和环境因素综合考虑，对社会总体发展进行衡量，更为科学。联合国开发计划署出版的《2002年中国人类发展报告：让绿色发展成为一种选择》对中国绿色发展做了深刻的阐述："绿色发展强调经济增长与环境保护的统一与和谐发展，是一种以人为本的可持续发展方式。"2009 年，《国家主体功能区规划（2009—2020）》中提出"绿色中国"的概念，表达了我国未来"绿色现代化"的国家发展目标。2010 年 6 月 7 日，在中国科学院第十五次院士大会、中国工程院第十次院士大会上，胡锦涛发表讲话并正式提出我国绿色发展的概念。党的十八大以来，习近平总书记提出了生态优先、绿色发展的新发展理念。

中国绿色发展在不同时期的实践探索分为四个阶段，分别是意识主导阶段、制度支撑阶段、系统推进阶段以及全面实现阶段[44]。早期关注宏观层面的对策措施和制度建设等，研究相对宽泛[45]，后期逐渐转向中观和微观层面，重点从理论机制、量化方法等视角切入，研究领域更为细分和深入。

对生产领域的绿色发展研究，王兵和刘光天（2015）发现，节能减排可以通过强化节能减排技术与管制，挖掘节能和 COD 减排潜力，实施区域差异化的节能减排政策，从而促进中国绿色全要素生产率增长[46]。傅志寰等（2015）研究了我国工业绿色发展战略，提出我国工业绿色发展必须推进源头削减和末端治理相结合、持续深化信息技术应用、大力发展循环经济和战略性新兴产业、加快发展生产性服务业等对策建议[47]。

对生活领域的绿色发展研究，黄娟等（2011）认为，绿色消费是我国实现绿色发展的重要引擎[48]。李慧明和刘倩（2008）、方时姣（2010）、邓远建（2012）指出，要进行"深绿色消费"的自下而上变革，经济活动要从三高的非持续发展向资源能源消耗最少化、环境污染最轻化、生态损害最小化的可持续发展转变[49-51]。政府对于构建绿色消费模式的责任及干预策略，可以为绿色模式提供长效保证机制[52]。

从社会整体绿色发展看，我国绿色转型面临的主要问题是制度约束、转型成本等[53]。实现绿色发展需要转变发展观念、加强制度建设、鼓励绿色技术创新[54]，尤其创新驱动是加快绿色发展的重要途径，重点在理念创新、技术创新、市场创新及制度创新四个方面共同发力[55]。要发展循环经济、促进低碳发展、发展环境产业、协调区域发展和缩小贫富差距以及倡导"深绿色"文化等方面来促进绿色化转变[56-57]。在区域层面，高赢（2019）认为，各项社会经济因素对经济区绿色发展绩效的差异性影响在很大程度上弱化了区域发展的协同性[58]。吴传清和黄磊（2018）、李爽等（2019）研究了长江经济带绿色发展的影响因素，其中对外开放、科技投入、经济集聚、环境规制和产业结构等对城市绿色发展有显著影响,且上、中、下游有差异[59-60]。罗敏讷(2018)提出,建立健全跨区域生态环境保护联动机制,共同构筑生态屏障,促进城市群绿色发展[61]。

随着研究的深入,关于如何评价衡量绿色发展,相关研究为实践层面提供了丰富的参考依据。一是绿色发展评价指标体系。最具代表性的是由北京师范大学、西南财经大学以及国家统计局中国经济景气监测中心三家研究机构,连续六年(2011—2016年)发布的《中国绿色发展指数年度报告》。该报告构建了以经济增长绿化度、资源环境承载潜力和政府政策支持度三大类作为一级指标、9个二级指标和60个三级指标构成的结构体系。张欢等(2016)、傅京燕等(2016)、袁文华等(2017)、田金平等(2018)也分别从工业领域和消费领域、全国和省域范围构建多层次的绿色发展评价指标体系[62-65]。二是绿色发展指数。向书坚和郑瑞坤(2013)、李琳和楚紫穗(2015)通过生态经济系统物质流动的原理和主成分分析法,构建了中国绿色经济发展指数[66-67]。北京工商大学世界经济研究中心和遂宁绿色经济研究院等研究机构连续发表了2007—2016年中国省市绿色经济和绿色GDP指数,对我国273个城市在经济增长的绿色发展程度进行了测量。三是绿色发展效率。在区域层面,王兵和黄人杰(2014)运用参数化共同边界与Luenberger生产率指标相结合的方法,研究环境约束下2000—2010年中国区域绿色发展效率[68]。Li&Song(2016)、杨志江和文超祥(2017)、罗宣等(2017)运用超效率SBM模型和Malmquist指数,测算了省域绿色发展效率[69-71]。在产业层面,李静和倪冬雪(2015)、黄磊和吴传清(2019)基于SBM模型对工业绿色发展效率进行了研究[72-73]。吕小明和黄森(2017)引入非期望因素修正三阶段DEA模型,计算了中国30个省市旅游业绿色发展效率[74]。刘健等(2015)构建了包含经济效率和绿色效率的绿色发展效率模型,并根据DEA-RAM方法对我国煤炭产业绿色发展效率进行了研究[75]。

1.2.3 环境规制对绿色发展影响研究

环境规制的核心问题之一是在实现污染控制的同时,环境规制能否不削弱生产力和竞争力,不对经济发展产生负面影响。一类观点认为,环境规制通过将环境外部性问题的内部化增加企业成本,迫使企业改变原有的生产最优决策,从而降低了企业的生产率和竞争力,环境规制对经济的影响主要体现为负面,即"遵循成本"[76-77]。另一类观点认为,环境规制对企业影响具有动态效应，可以通过激发企业创新从而提高生产效率，环境规制对经济发展的影响是正向的，即创新补偿[78]，通常也被称为"波特假说"。

1) 环境规制对绿色发展的负向影响

Jorgenson&Wilcoxen（1990）发现，在实施较强的环境规制后，美国国内经济增长率在1973年后的10年间下降了0.1%，可能的主要原因在于环境规制导致企业投入大量资金用于环保支出，增加了企业成本[79]。Dean&Brown（1995）发现，在环保压力下，企业不得不对生产设备进行更新，并投入相关的人力进行培训，从而导致企业生产成本提高，产品市场竞争力下降[80]。Heranandez et al.（2000）以西班牙的家具制造业为案例发现，环境规制加强会对家具制造业产生不利影响[81]。Chintrakarn（2008）依据SFA模型研究，以美国州际数据为案例，认为环境规制没能提升制造业的技术水平[82]。叶祥松和彭良燕（2011）发现，环境规制对经济发展的影响存在区域间差距，落后地区的环境规制会影响经济增长[83]。李玉楠和李廷（2012）关于污染密集型产业的研究发现，环境规制加强会抑制污染密集型产业的发展和出口贸易的开展[84]。谢众等（2013）加入了环境规制二次项开展实证研究，同样发现环境规制对经济落后地区的经济增长具有负向影响[85]。李春米和魏玮（2014）、黄清煌和高明（2016）指出，环境规制对经济增长具有抑制效应[86-87]。

2) 环境规制对绿色发展的正向影响

Brunnermeier&Cohe（2003）以美国制造业为例，得出的结论与Jorgenson&Wilcoxen（1990）的有所不同，认为环境规制激发了制造业专利技术的产出，促进了技术创新和进步，在研究区间上，他们采用的是1983—1993年的数据[88]。Hamamoto（2006）以日本制造业为例，分析得出适当的环境规制显著提高了全要素生产率[89]。Azevedo et al.（2010）以巴西冶炼业为例，指出环境规制可以促进行业技术革新，通过技术革新，可以有效减少冶炼业的排污量，提高实际产出，从而有利于经济发展[90]。Francesco et al.（2011）以欧洲地区的建筑行业为例进行实证研究，发现加强环境规制可促进企业在技术创新、新技术开发中的资金投入，改善建筑行业总体技术水平，推动行业健康发展[91]。马海良等（2011）、宋马林和王舒鸿（2013）通过生产率增长及其分解情况发现，在不同的经济发展阶段，环境规制促进技术创新从而提升经济发展水平的效果是有差异的[92-93]。范庆泉等（2015）研究了碳领域的环境规制影响，通过构建一般均衡模型，发现环境规制能够改善环境和推动经济增长，实现"双赢"[94]。蒋为（2015）、刘和旺等（2018）认为，环境规制不仅促进企业研发投资，而且促进企业的工艺改进，减少环境非期望产出，提升绿色发展效率[95-96]。

3）环境规制影响的不确定性

随着研究的深入开展，纳入综合因素考虑环境规制对经济发展影响的研究成果日益丰富，部分学者对环境规制影响经济发展的"抑制论"或"促进论"提出了质疑。将国外学者们的成果进行梳理，其中代表性成果如下：Gale et al.（1999）以美国1988—1992年纸浆业为例，研究发现通过对不同区域的考察，环境规制既可能抑制经济发展，也可能促进实现环境与经济协调发展[97]。Urpelainen（2011）通过环境规制对社会福利的影响研究，建立了博弈模型，得出环境规制对经济增长影响不确定的结论[98]。在国内，熊艳（2011）利用"纵横向"拉开档次法，对中国2004—2008年的省域数据进行实证分析，发现环境规制与经济增长之间呈U形的非线性关系[99]。蒋伏心（2013）等发现，环境规制与企业技术创新之间也呈U形的动态特征[100]。杜运苏（2014）发现，环境规制对我国制造业竞争力的影响呈U形关系[101]。张晓莹（2015）引入国内外不同的环境规制变量，并建立引力模型，实证分析了环境规制对经济增长的抑制和促进两种效应[102]。袁永科等（2015）认为，在中国能源产业不同的子产业中，环境规制与经济增长之间呈倒U形的特征[103]。孙英杰等（2018）证明，环境规制与经济增长之间存在环境库兹涅茨曲线，环境规制与经济增长之间呈倒U形关系[104]。

1.2.4 三峡库区环境规制和绿色发展研究

关于三峡库区环境规制的研究，可归纳为三个方面：一是关于三峡库区水环境的规制约束。张彦春等（2007）从宏观管理的角度，提出将三峡库区及其上游作为特殊水域予以保护、改革流域管理体制、实行补偿机制、完善水环境保护法律法规以及加强应急机制建设等战略建议[105]。张艳芳和才慧莲（2011）认为，环境生态补偿是对水环境进行有效保护的手段，建议制订"三峡库区水环境生态补偿条例"，加强库区环境规制[106]。二是关于三峡库区农村农业的规制约束。刘远新等（2011）针对库区农村移民的环境行为展开研究，在问卷调查的基础上提出政策制定要着眼于加强库区农村移民的环境教育，提高三峡库区农村移民的环境素质，提高其参与生态环境保护的自觉性[107]。肖新成（2015）认为，农村居民环境意识落后、农村环境管理主体缺位以及农业环境管理政策不完善皆是导致三峡库区农村面源污染严重的主要原因。周鹏飞等（2020）认为，三峡库区生态环境建设有两方面的压力：农业发展带来的面源污染增减；原有化肥农药施用手段的落后。因此，要精准识别库区面源污染来源，精细化相应对策以控制污染扩大[108]。三是关于三峡库区环境规制的总体设计。陈卫（2014）从实际工作层面，提出要推进全过程管理，强化综合协调和部门监管职责，构建环境风险防范全程监管体系[109]。任卓和何家军（2017）认为，三峡库区的环境规制设计应以适合当前库区的人口环境容量分析模型为基础[110]。冉洪术（2019）认为，要在库区实施政策整合，通过制度创新、执行监督、评估反馈等政策加强库区环境治理，同时要紧密结合库区各区县的实际情况来开展[111]。

关于三峡库区绿色发展的研究，基于三峡库区绿色发展的现状，胡江霞等（2015）根据"生态足迹理论"，发现三峡库区的生态压力指数基本上呈逐年递增态势，经济的可持续发展整体上呈不断恶化趋势[112]。黄磊等（2017）论证了三峡库区环境—经济—社会复合生态系统发展水平稳步提高并渐趋健康协调，但目前耦合协调层次仍处于较低水平[113]。顾晋饴等（2019）通过构建经济环境协调度指数和经济环境协调度变化指数，分析得出三峡库区经济社会与生态环境发展协调度整体上趋于好转，但在区域分布上空间差异仍较为明显[114]。黄娟和刘玥（2018）从农业角度分析，提出城市化率与绿色发展效率显著正向，且库腹地区的整体绿色发展效率均较差，与库首、库尾相比有较大差距[115]。关于如何推进三峡库区的绿色发展，邵蕾（2013）提出，三峡库区的可持续发展必须重视内部区县之间的差异[116]。朱光福等（2020）认为，应把三峡库区纳入国家推动的省（市）际流域上下游横向补偿试点，通过生态补偿推动库区高质量发展[117]。解亚丽等（2020）提出，提升三峡库区生态效率要通过因地制宜，分区域指导优化产业结构和基于全流域视角优化人口产业布局[118]。

1.2.5 总体评议

综合以上研究现状，环境规制对绿色发展影响的理论和实证研究具有差异性，这主要是基于不同阶段、不同发展水平，环境规制通过多种途径、多种因素对绿色发展产生影响，因而得出的结论中既有环境规制增加企业成本的"遵循成本"效应，又有环境规制促进企业技术升级的"创新补偿"

效应，还有环境规制对绿色发展影响的不确定效应。因此，研究环境规制对绿色发展的影响，需要综合考虑诸多因素。从总体研究看，国内外学者已经开展的理论和实证研究，大大拓宽了研究视野和研究维度，但在具体的研究领域、研究方向上仍然需要进一步深化和完善。

一是对区域层面环境规制影响绿色发展研究不够。现有绿色发展的研究成果大都基于全国范围或某一经济带（省域）数据展开，对具有重大战略价值的局部地区研究不足，研究结论具有普遍意义，政策建议有效性和针对性不足。三峡库区是我国最大的淡水资源储备库，地理位置极为关键，是长江上游地区生态屏障建设重要一环，也是我国生态文明建设先行区。三峡库区的绿色发展还关系到库区移民安稳致富的社会问题，因此，从区域层面看，三峡库区绿色发展研究既是国家绿色发展战略中的重点，也是难点，具有典型代表性。

二是关于差异化环境规制对绿色发展的影响机制研究不足。现有研究主要关注强制型、命令型等正式环境规制对绿色发展的影响，且研究主要集中在工业领域。同时，对绿色发展的影响因素也主要集中在产业集聚、产业结构、技术创新、对外贸易等方面。从现实情况看，除了这类正式环境规制，环境感知、环境知识等非正式环境规制对绿色发展的影响也越来越大，这方面的研究还较为滞后。鉴于对环境规制影响的充分考察，本书拟将非正式环境规制纳入研究范围，考察非正式环境规制对绿色发展的影响，以使政策建议的提出更具有现实价值。

三是关于环境规制对绿色发展影响的空间相关性研究还有待加强。不同地区之间存在环境规制策略互动与竞争，从而导致研究变量间也存在空间相关性。现有文献较少考虑地区之间区位差异等导致的空间相关性及异质性，对绿色发展空间效应的关注不足，将可能误判绿色发展的真实效果。本研究讨论三峡库区绿色发展的空间效应，将对环境规制的实施效果进行更好的判断，也能为下一步的政策制定提供依据。

1.3 研究目标和意义

1.3.1 研究目标

三峡库区发展要着眼于库区长远发展，库区的安稳致富和生态环境保护是两大重要任务。三峡工程开工建设以来，国家出台了一系列关于生态环境保护的政策措施，但是生态环境保护仍面临诸多问题。一方面，三峡库区经济社会发展愿望强烈；另一方面，随着生态环境保护标准的提高和严格的环境监管责任制度的实施，环境规制强度不断提档升级，对经济发展产生了一定影响。三峡库区的环境规制对绿色发展的影响是如何传导的？在不同发展阶段、不同区域、对不同的群体产生了怎样的影响？实现生态环境保护与绿色发展应采取哪些有效的环境规制？围绕上述问题，本研究将从以下三个方面展开：

一是全面客观分析三峡库区绿色发展所处的阶段，环境规制对三峡库区绿色发展的各种影响，突出环境规制对三峡库区绿色发展影响的重要性，通过全面客观地揭示环境规制与三峡库区绿色发展之间的关系，为政府制定相关政策提供参考，为三峡库区动态调整优化环境规制政策提供依据。

二是通过深入剖析环境规制对绿色发展影响的机理，厘清正式环境规制与三峡库区绿色发展效率、非正式环境规制与居民绿色发展行为的关系，提出环境规制对绿色发展影响的研究框架，从实证分析的角度研究在环境外部性约束下，环境规制促进经济增长和环境改善的影响机制及影响效果。

三是探索三峡库区环境规制的最优供给。研究环境规制在不同区域、不同时段对库区绿色发展影响的差异，围绕环境规制对绿色发展的影响机制开展实证研究，通过考察环境规制促进区域经济发展和环境改善的影响差异，提出三峡库区环境政策工具的优化组合建议。

1.3.2 研究意义

1）理论价值

第一，环境规制如何影响区域发展一直是学术界关注的话题。三峡库区区情特殊，人多地少矛盾突出，地质条件复杂，域内经济发展不平衡，兼具工程、民生、生态等三大重任，绿色发展的诉求更为强烈。本书尝试从传统省域层面的大尺度研究延伸至三峡库区这一流域层面的小尺度，研究环境规制对绿色发展的影响。研究结论将有助于丰富环境政策相关理论，有助于发展经济、区域经济等理论在流域层面的拓展，是对我国流域可持续发展理论的充实。

第二,本研究不仅关注宏观层面环境规制对绿色发展的影响,还将微观层面纳入,将宏观和微观视角相结合,建立了正式环境规制和非正式环境规制对绿色发展影响的研究框架,通过细分环境规制的类型,深入探讨不同类型环境规制对绿色发展的影响效应,从而有利于科学设定环境规制和合理选择环境规制形式以促进绿色发展。这种分析不是单纯地考虑环境规制的抑制或促进作用,而是在此基础上深入内部探索影响机理的复杂性,寻求抑制或促进作用的根源,丰富和发展绿色发展相关理论。

2)实践价值

第一,有利于破解三峡库区生态建设与经济发展的矛盾。三峡库区经济发展相对滞后,区域资源环境承载条件差异较大,人口增长、经济发展与资源环境的矛盾突出,库区群众对分享三峡工程综合效益有较高期望,移民安稳致富与库区经济发展方式转变、社会转型矛盾相互交织。深入研究环境规制对绿色发展的影响,根据三峡库区的实际情况和发展特征,有针对性地提出环境政策建议,有利于缓解库区生态承载力以及环境规制与生产力布局不平衡、不协调的矛盾,为制定系统的、差异化的环境政策提供政策依据。

第二,为长江经济带"共抓大保护,不搞大开发"提供绿色发展的典型案例。三峡库区位于长江流域腹心地带,是长江上游地区的重要生态屏障,全国重要的生态功能区之一,对保障国家生态安全具有重要意义。本研究通过构建环境规制与绿色发展的理论框架,运用相关理论模型,实证检验环境规制对绿色发展的影响和效应,研究结果的分析和运用将有助于充分认识环境规制对绿色发展的作用和地位,将为长江经济带"共抓大保护,不搞大开发"提供经验借鉴,有利于推进实现长江全流域的绿色发展。

1.4 研究内容和研究思路

1.4.1 研究内容

本研究中环境规制对三峡库区绿色发展的影响主要是基于理论与实证的对策研究,其主要内容包括绪论、理论研究、实证研究以及对策研究等。

具体内容安排如下：

第一部分为绪论，包括第 1 章。主要阐述研究问题、研究回顾、研究目标与意义、研究内容和研究思路，以及研究特色与创新。

第二部分为理论分析，包括第 2 章和第 3 章。第 2 章阐述了环境规制和绿色发展的基本概念以及分类，分析了本书的理论基础，包括经济增长理论、资源环境承载力理论、外部性理论、公共物品理论、制度结构理论、环境竞次理论、空间均衡理论。第 3 章建立了本书的理论分析框架，主要从环境规制对绿色发展的总体影响、正式环境规制对绿色发展效率的影响、非正式环境规制对绿色发展行为的影响三个层面，重点分析了环境规制对绿色发展的作用机理，并提出了研究假设。

第三部分为实证分析，包括第 4 章、第 5 章、第 6 章和第 7 章。第 4 章在对研究区域进行界定的前提下，分析了研究区域的经济社会环境状况，并对三峡库区环境规制相关进行了梳理；通过计算环境规制强度、绿色发展效率，分析了三峡库区环境规制强度和绿色发展效率的时空演变特征。第 5 章和第 6 章基于 2004—2018 年三峡库区经济社会环境面板数据的整理，运用 OLS 和空间计量分析模型，系统研究了正式环境规制对绿色发展效率的影响。第 7 章借助在三峡库区 22 个区县调研获得的 1 120 份问卷，运用 OLS 模型，从环境风险感知、环境意识、环境知识、环境治理感知四个维度研究了非正式环境规制对绿色发展行为的影响。整体上，第 5 章至第 7 章共同形成了环境规制对三峡库区绿色发展影响研究的一个完整又各有侧重的分析模块。

第四部分为对策建议，包括第 8 章。第 8 章在分析三峡库区绿色发展面临的新形势背景下，从环境规制内在优化和外在政策调整两方面入手，具体从环境规制政策顶层设计、动态调整优化环境政策、优化不同环境规制工具组合、建立环境规制区域协调机制、生态产品价值实现等多个方面提出对策建议。

第五部分为结论与展望，包括第 9 章。第 9 章主要归纳本书的研究结论，并提出了未来研究的方向和领域。

1.4.2　研究思路

基于三峡库区绿色发展的现实背景与政策背景，本研究围绕环境规制对绿色发展影响来立题，分析正式环境规制和非正式环境规制影响的不同

1 绪 论

路径。本研究属于问题导向型的应用研究,因而在研究过程中遵循"理论研究—实证研究—对策研究"的一般化过程,具体研究思路如图1.1所示。

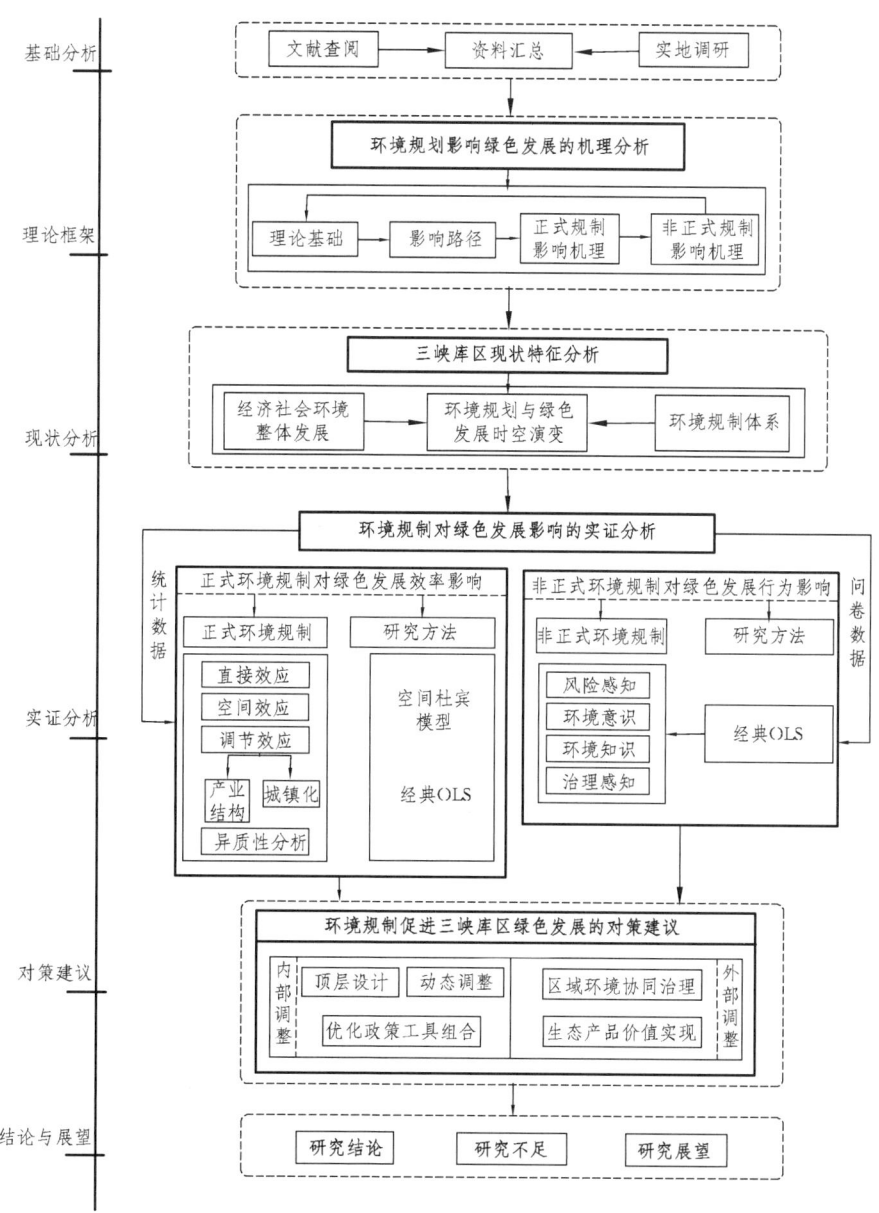

图 1.1 研究思路

1.5 研究特色与研究创新

1.5.1 研究特色

第一,宏观研究与微观研究相结合。在宏观层面,对正式环境规制与绿色发展效率之间的关系进行验证,首先基于熵值法对环境规制强度进行综合测度,运用超效率 SBM 模型对绿色发展效率进行测算,在此基础上,分别运用 OLS 和空间计量模型对正式环境规制与绿色发展效率之间关系进行实证检验,并进一步开展调节效应和异质性分析。在微观层面,通过调查问卷数据的整理,运用 OLS 模型,对非正式环境规制与绿色发展行为之间关系进行实证,并对不同区域、城乡之间的异质性进行分析。将宏观层面与微观层面研究相结合,使研究结论更科学,更有利于提出合理建议。

第二,案头整理与实地调研相结合。通过搜集和整理国内外关于政策运行、环境规制、绿色发展等研究领域的文献,将本研究建立在科学理论基础之上。根据论文的研究任务和目标,将统计数据和问卷调查数据相结合:一是通过查找各类统计年鉴丰富完善需要的统计数据;二是在三峡库区选取具有足够覆盖面的区县、乡镇进行实地调研,入户访谈调查问卷,搜集整理当地居民对环境规制和绿色发展看法的相关资料。

第三,多学科交叉与多方法融合相结合。本书遵循定性研究与定量研究交叉应用、描述性统计方法和计量经济方法穿插融合的方式,注重发展经济学、区域经济学、制度经济学、社会学、统计学等相关学科的理论前沿对解决本文中有关问题的适用性。综合运用经济学、管理学的方法做定量分析,具体考察环境规制与绿色发展的特征性事实,在理论研究基础上,研究环境规制对绿色发展的影响,并得出相关结论,为决策建议的提出提供事实依据。

1.5.2 研究创新

第一,将环境规制对绿色发展影响的研究维度进行了拓展。目前关于环境规制对绿色发展影响的文献,主要是利用统计数据构建单一或综合性环境规制指标观察对绿色发展效率的影响,即研究强制型、命令型等正式环境规制对绿色发展的影响,且范围主要集中在工业领域。本书在此基础上,将环境意识、环境知识等非正式环境规制纳入研究框架,通过调查问卷数据进一步分析了非正式环境规制对绿色发展行为的影响。库区居民靠水而居，其绿色行为既是三峡库区绿色发展的组成部分，亦是推动三峡库区绿色发展的隐性动力。本书探索了从个体居民层面研究绿色发展问题的可能，弥补了仅利用统计数据进行单向分析的不足，研究维度更加多元化，研究结论更为客观。

第二，研究区域跳出行政区划的局限，立足于三峡库区这一极具战略意义的区域，通过选取反映区域特征的相关指标，使研究更为具化和细化。与大多数文献将研究对象定位于省域层面不同，本书关注三峡库区这一具有典型流域特征的研究区域，将研究对象从大尺度的省域下沉至小尺度的县（区）域。三峡库区是我国最大的淡水资源储备库，地理位置极为关键，是长江上游地区生态屏障建设重要一环，也是我国生态文明建设先行区，库区的绿色发展与水环境保护密不可分。研究通过选取化肥农药施用量，在问卷中设计如水污染、消落带保护、森林植被保护、畜禽养殖污染等具有库区特色的相关指标，使分析结论更能体现库区的现实情况，突出库区绿色发展的特殊性；在研究方法上将长时间段的统计数据和某个时间点的截面调查数据相结合展开研究，力求挖掘差异化背景和时间节点下的典型特征，突出三峡库区的研究价值和意义。

第三，通过研究发现环境规制对绿色发展的影响在不同的区域、不同的经济发展阶段，对不同群体存在差异性。在正式环境规制对绿色发展效率影响实证中，通过对库腹地区和库尾地区、成库前和成库后的对比分析发现，单纯的经济增长和单一环境约束对区域绿色发展的影响作用在减弱，环境政策的设计更需要从调整结构、提升质量、增加转型内生动力入手，才能实现三峡库区的绿色发展；在非正式环境规制对绿色发展行为影响实证中，通过对私人和公共领域的绿色发展行为对比发现，环境规制效应的发挥会受到个体社会性特征的影响，环境规制的制定要针对不同的人群，并结合多种政策工具的组合。

2 概念界定与理论基础

面对日益加剧的环境污染问题,绿色发展已经成为各国关注的重点议题。环境规制作为改善生态环境、推动绿色发展的重要政策手段之一,其与绿色发展的关系得到了学界的普遍关注。在前一章对环境规制和绿色发展相关研究回顾的基础上,本章基于研究目的的需要,对环境规制和绿色发展进行了概念界定,同时系统梳理了与本研究密切相关的理论,为环境规制影响绿色发展的后续研究提供了理论基础。

2.1 概念界定

2.1.1 环境规制的内涵

环境规制是人类应对环境恶化问题采取的重要手段。环境作为一种复合性的资源,是人类生存和活动的主要场所,在人类社会经济发展过程中发挥着举足轻重的作用。一方面,不断向人类提供生产和消费所需要自然资源的供应基地;另一方面,也承载着人们生产和生活所产生的废弃物。环境对污染的承受能力存在环境承载阈值,当污染物的积累超过环境承载阈值时就会产生环境污染问题,为了将污染问题控制在环境容量可承受范围内,便产生了环境规制[119]。

环境规制是指以保护环境为目的,制定和实施各项政策和措施的总称。环境规制是一种约束性规制,包括有形的约束和无形的约束。其目的在于保护环境,约束个体和组织的行为,属于社会性规制,强调约束性。诺思认为,制度建设对国家或地区的经济发展具有决定性作用,作为人为设定的准则,制度可以包括国家层面的政治经济制度和日常生活层面的个人行为规范,涉及的领域包括正式制度范围的法律法规,非正式制度范围的习俗、道德、意识等[120]。实践发展表明,制度在国家和地区经济的发展中起到重要的保障作用[121]。在生态环境领域,由于环境本身的公共物品属性，它存在很强的外部性问题，需要通过引入制度约束来引导处理人类与自然之间的关系，通过合理的制度安排约束政府、企业以及个人的行为，推动生态环境与经济发展的良性互动。

环境规制分为正式环境规制和非正式环境规制[24]。正式环境规制是由政府主导的，以环保为目标，以个人和组织为规制对象，以各种有形的法律、规定、协议等为存在形式的一种约束性力量。除了国家相关政策、条例的正式制度会产生强制性作用，受传统文化、外界感知等影响形成的观念，也是环境规制体现的一个重要方面，并从个体的角度影响绿色发展的效果，即非正式环境规制。下面分别从正式和非正式两个方面对环境规制的内涵进行阐释。

1）正式环境规制

正式环境规制是为了解决绿色发展中出现的各种问题，根据国家或地区发展需求，设计出来的一系列法律、法规、政策、规章等。它具备强制性特点。目前，我国已逐步建立起与绿色发展相关的法律制度、政策法规等环境规制体系，完善形成了环境保护的基本制度框架，这一系列的规章制度成为我国政府规范主体行为的重要手段，使各类主体的行为能够做到"有法可依""有法必依"。

从现有的研究分类看，学术界通常将正式环境规制分为命令型、激励型、契约型三种。命令型环境规制具有强制性，有较高的违法成本。我国最早的命令型环境规制可以追溯到1972年出台的"三同时"制度，针对官厅水库污染问题，国家计委、国家建委提出"工厂建设和三废利用工程要同时设计、同时施工、同时投产"。目前我国已经形成了区域限批制度、节能减排统计监测考核、污染物排放标准、排污许可、企业环境目标责任、污染物排放总量控制等命令型环境规制体系。激励型环境规制主要体现在运用市场手段引导，如早在1979年我国颁布的《中华人民共和国环境保护法（试行）》提出排污收费，1982年国务院对排污费征收的目的、收费标准、收费程序、收费范围等做了具体的规定。它与"三同时"制度、环境影响评价制度并称为我国环境管理"老三项"制度。除了排污收费，我国激励型环境规制还包括排污权交易、押金返还、绿色信贷、绿色证券、环境保险、环境保护税收等制度。契约型主要指企业与政府、企业与非营利性组织之间，为了保护改善环境或者提高资源利用率，而自愿达成的某项协议。通过这种方式，对企业而言可以树立公信力、提高产品的知名度，对企业品牌起到宣传作用，对政府而言可以减少监督成本，对全社会而言可以有效改善环境状况，形成多方共赢的局面。

2）非正式环境规制

非正式环境规制是人们在长期的社会生活中，共同自愿建立并形成的约定俗成的行为规范，这一行为规范存在于每个个体中，包括态度、意识、观念、认知等。非正式环境规制根植于社会传递的信息，是文化传统的一部分，其特征在于存在形式的无形性，看不见、摸不着，但作用却无处不在、无时不有。非正式环境规制很难用理性的成本收益方法去权衡优劣，因为非正式环境规制是长期演化形成的结果，依靠人类实践活动形成的习性和取向，在心理层面形成的定势而存在，所以难以用理性的逻辑推理展示主体和对象的关系。

尽管非正式环境规制的作用更为隐形，但它对正式环境规制的影响却不容忽视。从正面影响看：一是有利于降低正式环境规制的执行成本。通常情况下，正式环境规制从制定、出台到执行实施是一个漫长的过程，需要很高的人力成本和运行成本，非正式环境规制是长期自然形成的生态共识，可以引导人与自然交往的行为，没有明显的监督成本需求，通过非正式环境规制的补充，可以弥补短期内正式环境规制的不足。二是提高正式环境规制的绩效。正式环境规制的制定是社会环境发展的需求，同时也是非正式环境规制长期影响的结果，是对非正式环境规制的认可和规范。当正式环境规制与当前的环境道德规范的价值取向一致时，正式环境规制的效果就会得到很好的发挥。从负面影响看：一是增加成本。长期形成的不符合绿色发展要求的传统政绩观、生产观、消费观等非正式环境规制难以在短期内发生根本性改变，在一定程度上会弱化正式环境规制的执行与实施，增加执行与监督成本。二是降低正式环境规制的绩效。当正式环境规制的出台执行与当前主流的环境道德规范价值取向不一致时，非正式环境规制就会与正式环境规制形成对立，阻碍正式环境规制的运行和作用的发挥。当人们将传统的非正式规制作为自己的行动原则时，就会导致正式规制被"锁定"在低效率甚至是无效率状态。因此，从参与范围和环境改善效果来看，非正式环境规制的影响力更广泛也更直接，从长期看对环境保护的意义也更深刻[24]。近年来，我国公众环保意识逐渐增强，非正式环境规制在环境保护中的作用也越来越重要。

目前对非正式环境规制的研究大多从社会学领域展开研究,如中国人民大学社会学系调研采用美国著名环境社会学家邓拉普推荐的环境意识量表进行测度,并产生了系列研究成果,这些成果将为本文的分析和实证提供很好的研究借鉴。

2.1.2 绿色发展的内涵

绿色发展是我国现代化经济体系建设的要求之一。党的十九大首次提出建设现代化经济体系,并要求"加快建立绿色生产和消费的法律制度和政策导向,建立健全绿色低碳循环发展的经济体系"。绿色,强调人与自然的和谐,即资源节约,环境友好;低碳,强调减少碳消耗和碳排放,是绿色发展的重要组成部分和循环发展的具体途径之一;循环,突出生态经济大系统的良性,强调资源节约,经济系统和自然生态和谐友好。党的十九大提出了两步走的战略构想,提出到 21 世纪中叶,要把我国建成富强民主文明和谐美丽的社会主义现代化强国,要求生态文明全面提升。构筑尊崇自然、绿色发展的生态体系,是时代的需要,人民的需要,也是贯彻落实十九大精神的重要任务。

绿色发展是一种新的经济增长方式,与经济社会各方面紧密结合,阐释绿色发展的内涵,也必须从社会的多个层面来解读。从环境领域看,绿色发展旨在降低人类活动对自然环境、生态系统的污染和破坏,通过提高自然资源利用效率,保证人类活动都在资源环境承载能力范围内。从经济领域看,提高经济效率要以保护生态环境为前提,经济效益的取得不能破坏生态环境。从政治领域看,要形成绿色发展的生产力,必须引导人们探索与自然和谐相处的最佳路径。从文化领域看,要在全社会形成保护自然、爱护自然的全民意识,将环保意识融入当地文化体系中。从社会领域看,社会各种群体要将环境保护作为自己的行动理念,形成全社会绿色发展的和谐氛围。

为了更好地反映绿色发展的结果,本书主要从宏观和微观领域来考察绿色发展的效果,可以分为绿色发展效率和绿色发展行为两个方面。

1) 绿色发展效率

我国绿色发展的实践,更多依赖于"自上而下"的政府强力推动,全社会各个阶层通过被动式参与推动绿色发展。这种推动作用的结果往往通过全社会绿色发展效率、绿色发展评价、绿色发展指数来衡量总体结果，反映了宏观层面的绿色发展成效。本书主要采用绿色发展效率测量这一"自上而下"推动的总体效果。关于绿色发展效率的相关研究和方法在1.2.2节中进行了阐述，这里主要从绿色发展效率的推动主体"政府层面"来分析政府对绿色发展效率的推动作用。

绿色发展效率大小是政府多种选择的共同结果。绿色发展效率主要通过综合测算投入、期望产出、非期望产出等指标衡量。通常情况下，政府作为区域经济的主导，在相同的投入水平下，期望产出越高，绿色发展效率就越高，非期望产出越高，绿色发展效率就越低。政府具有调动资源参与绿色发展的权利。作为一个理性的经济行为主体，政府部门希望用更少的投入，产出更多有效的成果，但这种成果往往更倾向显性的经济成绩，因此，单纯依靠地方政府的行为自觉是难以形成高质量经济增长的。绿色发展效率中强调了非期望产出的衡量，将生态环境建设的成果纳入地方政府的综合考核，更有利于通过设计考核制度和激励约束来引导地方政府的主体行为选择。

绿色发展效率在空间层面的效果受到政府利益诉求的影响，即绿色发展效率的成果在空间层面具有溢出性，一个地区的绿色发展可能通过政府的行为影响另一个区域的绿色发展。一是通过技术创新在空间层面形成溢出。一个地区的绿色发展成效会通过示范效应引起周边地区的仿效，相关的绿色产品或创新技术会传导到周边区域，实现更广范围的绿色发展。二是污染在不同区域之间的转移。当经济发达地区具有较高的技术优势和较强环境保护要求后，会通过向周边转移落后生产力的方式转移污染源，经济落后地区接受相应的污染产业后，有可能陷入"低端产业锁定"状态，或者无法摆脱"资源诅咒"的怪圈而进入污染加剧的状态，从而导致局部地区环境的污染破坏。表面上看，经济发达地区获得了经济发展和环境保护的双赢，实际上生态系统是流动循环的，其他地区的污染随着时间的推移向外部扩散，最终也会导致全局利益的受损。因此，绿色发展效率的提高应该从空间层面进行整体考量。

关于绿色发展效率的计算，设计的指标主要有投入、非期望产出和期望产出，不同的学者对各类指标的利用大同小异，梳理汇总如表2.1所示，这些研究方法将为本书绿色发展效率的计算提供借鉴。

表 2.1 部分绿色发展效率计算指标汇总

时间	投入指标	非期望产出指标	期望产出指标	作者
2011	用水总量；能源消费总量；建设用地面积；耕地面积	污染排放指数；碳排放量	地区生产总值	王恩旭 武春友
2012	能源消耗；工业用水量	工业二氧化硫排放量；工业烟尘排放量；工业废水排放量；工业固体废弃物排放量	工业增加值	初善冰 黄安平
2014	能源消耗；工业用水量	工业二氧化硫排放量；工业烟尘排放量；工业粉尘排放量；工业废水排放量	工业增加值	李胜兰 初善冰 申晨
2015	人力消耗；电力消耗；水资源	废气排放；固废排放；废水排放	地区生产总值	陈浩 陈平 罗艳
2016	资本；劳动；水资源；能源	废水排放；废气排放；固废排放	地区生产总值	傅京燕 原宗琳
2016	劳动；土地；能源；资本；水资源	工业废水；工业废气；工业烟尘；工业固体废物；二氧化硫排放	地区生产总值	任海军 姚银环
2017	从业人数；能源	二氧化硫；化学需氧量	地区生产总值	杨志江 文超群
2018	从业人员；固定资产总额	工业废水；工业二氧化硫；工业烟尘	工业增加值	吴传清 黄磊
2019	资本存量；劳动力；能源	碳排放量	地区生产总值	何爱平 安梦天

注：根据相关文献资料整理。

2）绿色发展行为

绿色发展行为是指个体对环境问题采取一定措施干预生态环境建设的行为活动。习近平总书记多次强调"生态环境问题归根到底是经济发展方式问题"[123]，需要向"节约资源、保护环境的生产生活方式"[124]转型。企业和居民是微观经济活动的主体，企业的生产行为和居民的生活行为将对绿色发展成效产生重要影响。本书在通过绿色发展效率测量绿色发展宏观成果的基础上，借助绿色发展行为这一指标来反映微观层面绿色发展的成效。绿色发展行为可以从企业和居民两个层面进行解读,企业参与社会化大生产,是产业链条的主体,政府行为的着力点也以企业为主,因此企业绿色发展行为的成效往往在宏观层面已经有了反馈。本书中所指的绿色发展行为以居民个体为主,这里主要从微观层面的个体出发分析非正式环境规制对绿色发展行为的影响。

微观层面的个体行为是绿色发展的基础。从农业社会到工业社会,人类活动中已经产生过各种与生态环境不相协调的行为,最终人类也为这类行为付出了代价。因此,绿色发展需要通过个体以及个体形成的组织共同努力,才能持续推动并取得成效。从理性角度看,每个个体在实际的社会生活中,往往会从自身利益出发,看重眼前利益,对行为可能对生态环境带来的负面影响不会太考虑。在日常社会生活中,居民个体往往以效用最大化为目标,通过市场中低价产品的比较优势,选择最有利于自己的行为。尽管单个个体行为是分散的,看起来对生态环境不会造成多大的影响,但每个个体行为的累加会形成蝴蝶效应,引发大规模的资源消耗和环境破坏。改变每个个体的行为习惯,形成全社会绿色发展共识和氛围,是微观领域绿色发展要关注的重要内容。

居民绿色发展行为是指居民针对一般意义的环境问题,为改善自身及他人所处的环境状况和促进环境问题解决,在公共和私人领域自愿付出的实质性的行动[125]。Kaiser(2003)依据垃圾管理、水资源保护等实际行动对绿色行为做出了分类[126]。Stern(2005)根据绿色行为的研究领域不同,将绿色行为分为三类:第一类是公共领域的绿色行为;第二类是组织里的绿色行为;第三类是私人领域的绿色行为,包括个人和家庭对与环境有关的产品的使用等[127]。近年来,国内外绿色发展行为倾向两个维度的划分:私人领域和公共领域行为,并由理论走向实践,各类绿色行为调查问卷的设计也从这两个维度将其概念进行可操作化。本书中的绿色发展行为是指微观层面居民的绿色发展行为,不仅局限于日常的生活实践,而且涵盖居民在私人领域和公共领域所施加的一切有利于环境改善和促进环境问题解决的活动。主要参考中国综合社会调查(CGSS),结合三峡库区实际情况进行了问卷调查,问卷设计参考了洪大用等(2015)、卢春天等(2015)、王玉君和韩冬临(2016)、王薪喜和钟杨(2016)的相关研究[128-131],将绿色发展行为分为私人领域行为和公共领域行为,相关分析参见 3.3 节和第 7 章。

2.2 理论基础

2.2.1 经济增长理论

经济增长历来是学术界关注的焦点，已经形成了较为清晰的发展脉络和研究学派。一是以亚当·斯密、马尔萨斯、大卫·李嘉图、威廉·配第为代表的古典经济学流派，主要研究了资本、劳动、技术在经济增长中的作用。亚当·斯密（1776）指出，在经济增长中资本积累、劳动分工和技术进步是重要支撑，解释了经济增长的本质。马尔萨斯（1798）认为，一个国家要实现长期的经济增长很难，因为人口和资源的增长方式存在较大差异，导致经济周期的存在，经济增长在长期内会存在上下波动式发展。大卫·李嘉图（1817）在考察了土地、资本和劳动等要素后，提出推动经济增长的要素具有边际报酬递减规律，因此经济增长会随着边际报酬递减而放缓，从而证实了马尔萨斯关于经济增长不可能长期发生的观点。二是以罗伯特·索洛为代表的新古典经济学。新古典经济学在古典经济学的研究基础上，对长期经济增长的可能性进行了探索，提出了"内生增长理论"。在研究方法上，新古典经济增长理论提出了索罗模型、拉姆齐-卡斯-库普曼斯模型。罗默、卢卡斯等人构建了完全竞争与垄断竞争两种不同的模型，逐渐丰富和完善了新增长理论，其中阿罗以及罗默等人对"干中学"模型不断研究，形成了阿罗-罗默模型，这一模型是研究知识溢出影响生产要素的边际产品递减效应的。从经济增长的相关研究中，无论资本、劳动力还是土地都是经济增长的重要因素，后来学者在此基础上继续关注制度建设、投资、产业等因素对经济增长的影响，不断完善经济增长理论。

经济增长是绿色发展的基础，任何绿色发展都要建立在经济增长基础上，否则将成为空中楼阁，因此经济增长理论的相关思想将用于指导全书的谋篇布局。

2.2.2 制度结构理论

制度通过一套有形无形的框架和规则体系来规范降低交易成本。政府制度具有持久性特征，通过约束个体和团体的行为形成一套结构性模式。诺思（1994）将制度分为正式制度和非正式制度，他认为，正式制度是有组织发生的，包括外在具有特殊目的的指令和程序性规则或行为规则；非正式制度以自发生为主，包括习惯、内化规则、习俗等。这种分类方法主要是基于惩罚方式的不同。诺思认为，虽然正式制度很重要，但非正式制度也是进行社会经济生活调节必不可少的机制[132]。制度的实施是一个传导过程，正式规制的实施需要耗费巨大的成本，其效果的取得需要考虑正式制度与非正式制度的结构兼容性，非正式制度可以影响正式制度的执行力和执行成本，因此诺思强调正式制度和非正式制度之间协调的重要性。在制度结构理论框架下，通常非正式制度比正式制度更加稳定。Keefer&Shiriey（1998）认为，当正式制度的政策实施效果不理想，在考虑替代政策时，应该兼顾非正式制度的影响，避免重蹈覆辙，当正式规制因与现存的非正式规制内在诉求不一致而发生冲突时，这种冲突将产生巨大的社会影响，可能导致社会政治的不稳定[133]。

环境规制是规制的一种形式，制度结构的相关理论同样适用于环境规制。在市场经济发展中，市场的作用往往存在失灵，需要政府的适当干预和约束。同样，自然资源和环境领域发展的问题和缺陷同样需要政府的干预。基于制度结构理论，重点从正式环境规制和非正式环境规制两个视角探索环境规制对绿色发展的影响，该理论思想主要体现在第3章、第5章、第6章和第7章。

2.2.3 资源环境承载力理论

资源环境承载力是结合资源承载力和环境容量而形成的一个复合概念。在一定的时间和空间范围内，保证在资源可持续利用和生态文明稳步向前推进的前提下，区域可利用的资源环境能够维持经济社会持续发展能力[134-135]。资源环境承载力属于适度承载力，是基于环境、经济、社会协调发展的最佳承载力，符合绿色、协调、创新发展理念。资源环境承载力是经济社会系统与资源环境系统间相互联系的纽带，一旦人类生产、生活对资源环境的攫取程度超出资源环境承载力，则环境、经济、社会复合生态系统稳定性会遭到削弱，如不进行及时修正，资源环境系统将会面临系统崩溃风险。

区域资源环境承载能力在一定时空约束下具有相对平稳性。区域作为一个开放系统，通过与外界交换物质、能量、信息，保持其资源环境系统的结构和功能相对稳定，使得反映资源环境系统结构特征的资源环境承载力相对平稳。人类为实现经济社会发展所进行的生产、生活活动，必须将资源环境承载力控制在资源环境容量范围内，超出资源环境承载力则人类社会难以获得稳定的自然资源供给，经济、社会、环境发展将难以为继。同时，资源环境承载力具有差异性，各地区的自然资源禀赋基础不同，生产技术条件差异明显，不同区域在同一时期的资源环境承载力不尽相同，同一区域在不同时期的资源环境承载力也有明显差异，主要体现在时间性和空间性上。特别是处于不同发展阶段区域生产技术具有显著差异，使得各地区关于资源环境承载力的改善程度也有明显差异。差异性产生的根源在于资源环境系统的结构不同：一方面，资源环境系统有自身运动变化规律，即资源禀赋差异；另一方面，人类对资源环境系统施加的影响存在差异。时空差异是资源环境承载力研究必须关注的问题，各地区应根据时间差异和空间差异下的资源环境承载力确定适宜的开发方式、开发强度。

资源环境承载力是区域发展的底线，环境规制的设计初衷正是基于区域资源环境承载力的有限性，三峡库区特殊的区情地貌决定了资源环境承载力的脆弱性，环境规制的设计与严格执行意义重大。该理论思想主要体现在第 5 章和第 6 章。

2.2.4 外部性理论

外部性是指经济主体的经济行为对其他经济主体产生了正向或者负向的影响，但是经济主体却没有享受或者承担这种影响对其他经济主体带来的利益和损失。这种行为又可以叫作外部性或者外部经济，可以分为正向外部性和负向外部性。外部性最早是在 20 世纪初马歇尔所著的《经济学原理》中提出的，随后经济学家庇古在著作《福利经济学》中对外部性进行了完善，最终形成外部性理论。外部性理论认为，经济主体的行为不论好坏，对其他经济主体造成的影响，是很难进行补偿或者获得报酬的，这就会形成个人利益与社会利益、他人利益的不一致。外部性理论为政府实施环境规制提供了理论依据。因为生态环境中的环境污染问题是具有典型的负向外部性的问题，只有通过外部性内部化才能解决。环境规制的实施为外部性内部化提供了可能，例如征税或者补贴就是直接的外部性内部化的政策措施[136]，同时还可以通过市场机制中的产权界定的方法实现负外部性内部化，但是生态环境的产权界定问题也一直是一项难题，完全的产权界定有一定困难，需要政府的规制加以配合[137]。三峡库区环境问题的外部性较为普遍，如何规避外部性也需要通过环境规制的手段加以解决，该理论思想主要体现在第8章。

2.2.5 其他相关理论

1）公共物品理论

对公共物品理论研究的关注最早始于休谟，此后亚当·斯密等经济学家对公共物品理论进行了深入研究，提出了公共物品的概念和分类。公共物品是指所有人都能平等享用和消费的物品，如呼吸的空气、饮用的水源、温暖的阳光等，从这些物品的属性看，它们具有消费的非竞争性和非排他性。与公共物品相对应的是私人物品，私人物品在消费中具有排他性和竞争性，如吃的食品、居住的房间、穿的衣服等。公共物品理论认为，公共物品的非竞争性和非排他性会产生"公地悲剧"和"搭便车"等问题，非竞争性会导致所有人都可以消费某类物品，非排他性导致不用付费就可以消费。因此，单纯依靠市场机制难以实现公共物品与私人物品之间的资源最优配置。

在自然生态领域，良好的生态环境是好的公共物品，环境污染是坏的公共物品。公共物品的非竞争性，导致所有人都可以享受优美生态环境带来的良好生活氛围，且在享受的同时不会与其他主体产生竞争，而对社会中的环境破坏和污染排放等问题，也不用付费或者受到相应惩罚，经济主体都趋利避害，尽最大可能消费自然资源而不用对不良后果负责，最后导致的结果就是生态环境的恶化，全社会为不良行为买单。生态环境资源的公共物品属性要求政府介入，通过采取一定的手段促使人类合理使用自然资源。

生态环境产品的公共物品属性，决定了不能单纯依靠市场手段来保护生态环境，应该纳入政府管理，通过政府制定相应的制度来约束市场经济主体的相关行为，弥补市场手段的不足。基于公共物品理论，无论是政府还是居民个体行为的选择应受到环境规制的约束，该理论思想主要体现在第5章、第6章和第7章。

2）环境竞次理论

环境竞次理论是在博弈理论基础上，关于国家和地区制定执行相关环境措施所采取的不同对策的理论。该理论认为，每个国家或地区在制定相应的环境政策时，都会同时权衡邻近或竞争国家和地区同时会采取的环境政策，由于担心制定较高标准的环境政策会导致在与其他国家和地区竞争中的失利，从而使本国和地区的利益受损，所以在博弈过程中，相应的国家和地区往往不会采用最优的环境政策，而选择次优的政策，由此导致在国家和地区的竞争中，环境政策采取的标准向低标准倾斜，虽然在短期竞争中会提高本国和本地区的产品竞争力，但是必定会加剧区域整体环境的恶化。

与环境竞次理论相对应的是"污染避难所假说"。该假说认为，在开放的市场条件下，不同国家和地区之间执行的环境政策和强度必然有差距，这种差距的存在会引起相应企业在生产中承担不同的成本。为了规避环境政策强的地区造成的生产成本的增加，具有高污染、高耗能等特点的企业会选择趋利避害，搬迁至具有较低环境政策要求的国家或地区，从而降低成本，实现企业利润的最大化。随着这类企业的搬迁，相应的污染问题也会转移到这类环境政策要求较低的国家和地区，形成污染避难所。"污染避难所假说"对于分析国家间污染密集产业的转移问题具有重要的借鉴意义。

环境规制的差异引起污染在三峡库区区域空间上的转移，区域之间绿色发展效果具有差异性，这一现象在第5章和第6章都有所体现，间接印证了该理论的部分思想。

3) 空间均衡理论

空间均衡理论是围绕经济空间发展态势来研究各种影响因素的理论，它是从一般均衡理论基础上发展起来的。空间均衡理论认为，区域经济的增长是各种因素共同作用的结果，但是在不同的发展空间，自然资源、资本、土地、人力等存在明显的差异，从而导致不同空间的经济增长呈现不同的态势，形成了发展水平各异的增长极。基于这种差异的存在，区域和区域之间存在合作的可能，即通过要素的空间流动，弥补地区发展的不足，在不同区域之间寻找经济增长和生态保护平衡点，实现社会开发和自然资源保护的最优空间配置，达到空间发展的均衡和资源配置的最优化模式[138]。

基于空间均衡理论，本书在第8章提出对策建议，旨在通过环境规制的调整优化和相关措施的推进，实现三峡库区的均衡、可持续绿色发展。

2.3 本章小结

本章首先对环境规制和绿色发展的概念进行了界定,指出环境规制分为正式环境规制和非正式环境规制,可以通过绿色发展效率和绿色发展行为来衡量绿色发展,从而引出了本书的研究视角。其次,本章系统回顾了经济增长理论、资源环境承载力理论、外部性理论、公共物品理论、制度结构理论、环境竞次理论、空间均衡理论等,并指出相关理论思想在全书中的运用。

3 环境规制影响绿色发展的理论机制

环境规制是政府协调经济增长与生态环境保护的重要手段，环境规制的政策目标在于：鼓励转变发展方式，提高绿色发展效率；形成人与自然和谐共生的社会共识，引导全社会环境保护行为。本章首先分析了绿色发展的主要影响因素，在此基础上进一步分析环境规制对绿色发展的影响机制；其次，分别从正式环境规制和非正式环境规制的角度，剖析绿色发展的内在影响机理，同时提出研究假设。

3.1 环境规制对绿色发展的影响

3.1.1 影响绿色发展的主要因素

目前学术界关于绿色发展影响因素的理论分析相对欠缺，实证研究较丰富。从宏观上看，绿色发展可能受到资源禀赋、经济发展水平、社会发展格局等因素的影响；从微观上看，具体某项社会活动和经济行为对绿色发展也会产生重要影响。学术界普遍认为绿色发展的影响因素除了自然地理等，还包括区域的经济发展水平、产业结构、开放程度、治理水平等一系列因素。从当前的总体研究看，还没有能够包含绿色发展所有影响因素而建立的理论框架，更多的研究是就某一个领域或某个影响因素作局部研究。在第1章的研究回顾中，已经就生产领域、生活领域以及全社会领域的绿色发展研究现状进行了分析。这里主要就绿色发展的影响因素进行简要阐述。

1）经济发展

目前研究领域关于经济增长和绿色发展的研究成果较多，得出的结论又有差异。有的认为二者之间存在倒 U 形关系，有的认为经济增长能够促进绿色发展，有的观点则相反。通过对各类研究结论的综合分析，不同的研究结论是基于对不同研究对象分析后得出的结果。总体看，在经济发展初期，粗放型经济增长会带来一系列环境污染等负面影响，不利于绿色发展；当经济发展到较高阶段时，推动经济增长的是技术创新等要素，经济增长的同时不会带来资源更多的损耗和环境污染，有利于绿色发展。

2）政策支持

从前文的理论分析中可知，市场往往会存在失灵的情况，生态环境的公共物品属性会导致资源的浪费和环境的破坏。政府是市场手段的必要补充，政府通过制定相关的税收优惠、财政补贴等政策，可以弥补市场手段的不足，使自然资源得到高效合理的开发利用。同时，政府通过宣传绿色发展理念，会在全社会形成绿色发展的共识，对区域内的生产生活带来积极影响，对周边地区也会有带动示范作用。

3）科教投入

从科技方面看，增加科技投入，有利于企业提高生产效率，加快创新创造，减少对生态环境的破坏和资源浪费，从而推动绿色发展。在教育方面，教育能够为技术创新提供不竭动力，同时，教育还能够提高公众的文化素质，有利于形成科学认识自然、保护自然的环保意识，使公众积极参与到绿色发展的建设中。不管是科技投入还是教育投入，其对绿色发展效果的产生需要一定的时间积累，导致其影响具有时滞性。

4）城镇化发展

城镇化对绿色发展的作用是双向的：一方面，城镇化的高度发展可以吸引大量的优秀科技人才，各类交通、医疗、卫生等基础设施建设更集约化，为节约能源资源、推动绿色发展起到了积极影响；另一方面，城镇化带来的大量人口集中也会引起交通拥堵、废弃物排放、生活垃圾源增加等问题，对绿色发展产生阻碍作用。

5）产业发展

产业发展是影响经济发展的主要因素，同时，产业结构的差异化也会产生不同的环境效应。以能源、资源消耗等重化工业为主的产业结构，可能带来较高的资源消耗和污染排放，对绿色发展负面影响较大。在市场机制和宏观调控下，生产技术提升和产业结构升级优化会促使排污效果的改善，实现粗放型向集约型经济的转变。

6）对外开放

对外开放有利于促进地区间要素流动：一方面，先进技术、人才、产品的流动能够为地区经济增长带来活力，促进绿色发展；另一方面，污染也会从较发达地区向滞后地区转移，例如具有高污染、高耗能等特点的企业会选择趋利避害，搬迁至具有较低环境政策要求的国家或地区，从而降低成本，实现企业利润的最大化。随着这类企业的搬迁，相应的污染问题也会转移到这类环境政策要求较低的国家和地区。

7）市场化程度

市场化是区域制度健全和合理运行的重要指标。区域的市场化程度越高，区域内的资源配置越有效，因为市场能否充分发挥在资源配置中的作用，市场和政府之间的关系也更为健康，可以减少资源错配和资源浪费等。通过市场化手段的运用可以弥补政府的不足，减少市场失灵和外部不经济，加快促进经济绿色转型；市场化程度越高，社会组织发展越健全，在区域环境治理过程中，会有更多的市场中介、社会公益团体、居民参与到环境污染治理的行动中，形成全社会共同监督治理的良好氛围。

3.1.2 环境规制对绿色发展的影响机制

1）环境规制对绿色发展的"遵循成本"机制

环境规制的目标是遏制污染物排放，控制环境风险，促进人与自然和谐共生，推动经济社会与生态环境的良性互动。从第 2 章对相关文献的分析研究看，针对环境规制对绿色发展影响的研究成果较多。从研究结论看，环境规制无论是促进绿色发展，还是阻碍绿色发展，两者之间的关系并非简单的线性关系。环境规制对绿色发展的影响是诸多要素共同作用的结果，研究环境规制对绿色发展的影响机制，对实现环境规制目标具有重要意义。

"遵循成本"认为，随着环境规制的增强，企业需要购置新的排污设备、优化工艺流程才能达到较高的环保排污标准，这在短期内会大大增加企业的生产成本，导致企业利润水平下降，企业的生产积极性受到打击，从而影响社会总体经济增长水平（图3.1）。环境规制增加企业成本，影响企业生产积极性的负面影响有以下三个方面：一是增加了企业的生产成本。随着环境规制要求的提高，企业为了达到环保排放标准，短期内需要更新购置大量的仪器设备，在生产规模没有相应扩大、利润没有提高的前提下，增加了企业成本。二是环境规制要求的提高，需要有相应的人力资源配套，无论从管理运营还是从生产发展，面对新的生产流程、生产工艺以及仪器设备等，都需要对人力资源进行相应的培训，才能满足设备的操作和维护管理，这增加了企业的人力成本。三是影响了企业生产效率的提高。无论是购置环保设备还是对员工的环保培训，都需要占用大量的资金和时间，在企业流动资金有限的情况下，会占用企业用于创新研发的相关费用，导致企业用于生产流程更新和生产工艺提升的资金减少，不利于企业的创新发展，降低了企业生产效率。

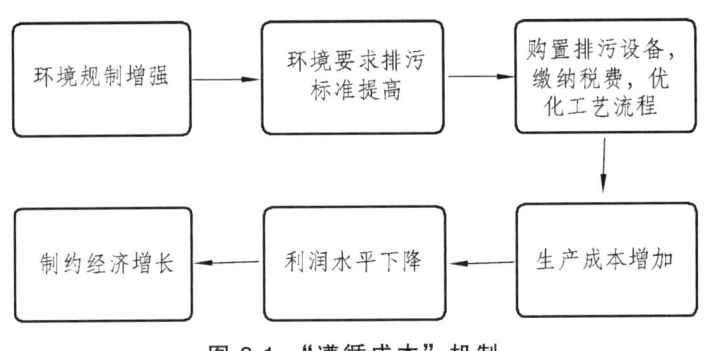

图 3.1 "遵循成本"机制

2）环境规制对绿色发展的"创新补偿"机制

环境规制对绿色发展影响有积极的一面。波特假说理论提出后，学者围绕如何提高能源利用效率、生产率、技术创新，降低应对环境规制的成本，增加企业利润，提高企业生产积极性，推动经济增长展开研究。相关研究发现，环境规制有助于通过引导企业加快技术创新、提高生产效率、实现生产工艺转型升级，降低生产成本，提升在市场和行业中的竞争力，即"创新补偿"。

"创新补偿"认为，税收优惠、排污权交易等激励型环境政策工具可以将企业外部性环境成本内部化，政策的优惠将促进企业更加积极地投入到技术创新中（图 3.2）。一方面，通过技术创新，企业将实现创新发展，增强了企业在市场中的竞争优势，从而提高企业利润率，利润的增加弥补了生产成本的增加，使企业生产进入良性循环。另一方面，通过技术的更新，将减少企业的污染排放，可以树立企业公信力和品牌形象，增强企业的行业竞争力，有利于企业扩大生产规模，从而有利于整个社会的经济发展。

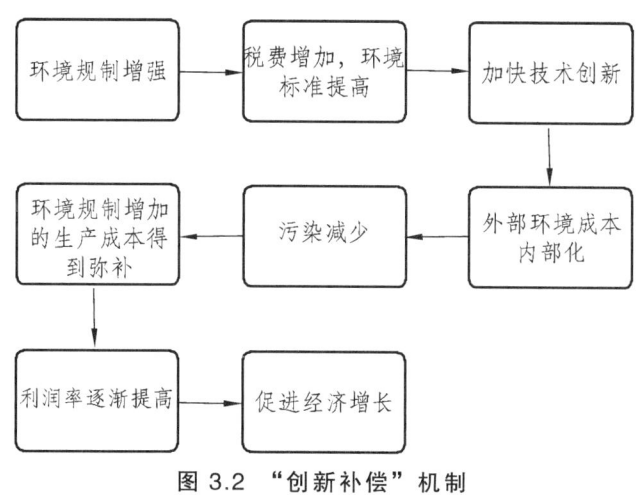

图 3.2 "创新补偿"机制

3）环境规制对绿色发展的综合影响机制

在不同的地区、不同的经济发展阶段，环境规制对绿色发展的影响有差异，综合影响效应往往取决于"遵循成本"和"创新补偿"影响的此消彼长（图3.3）。对于经济相对落后的地区，原有的环境约束不强，适当增加环境规制强度，对企业成本影响较小，同时还优化改善了发展环境，能够吸引更多的投资，环境规制对经济增长存在正向促进作用；对于经济发展水平较高的区域，随着环境规制的不断增强，生态保护和经济发展之间的冲突日趋扩大，环境规制约束的加强增加了企业用于排污的投入，尽管新技术的采用可以提高企业效率，增加利润，但短期内利润的增减可能无法弥补成本的提高，企业生产受到影响，不利于当地经济发展，但是，当经济发展进入良性循环后，环境规制成为社会共同遵守的准则，技术创新带来的积极影响高于环境规制带来的负面影响，环境规制对绿色发展的影响是正向的。另外，环境规制从颁布、执行到效益的显现是一个长期的过程，尽管影响的程度和范围在短期内不明显，但是长期看，随着社会各方面条件的改善以及公众环境意识的提高，环境规制对绿色发展的影响也是积极正面的。

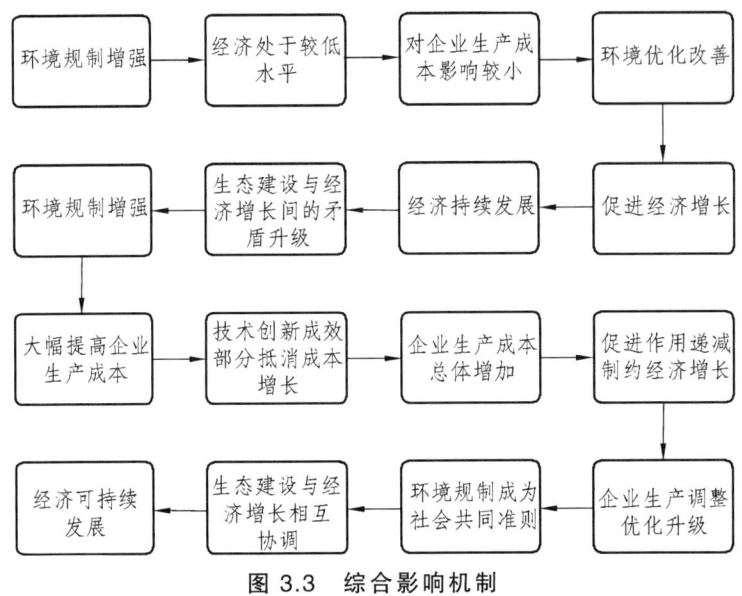

图 3.3 综合影响机制

3.2 正式环境规制对绿色发展效率的影响

3.2.1 环境规制的排量控制及技术革新效应

在已有的大量文献中，对环境规制的研究大多从政府强制性、命令性环境政策产生过程或结果的角度选取相应指标，即通常认为的正式环境规制，对绿色发展展开研究。Blackman&Kildegaard（2010）发现，环境规制并不能直接促使企业提高环保投入，企业可以通过搬迁的方式逃避环境规制约束[139]。尤济红等（2013）发现，在工业领域，环境规制有可能会对工业生态效率产生阻碍作用[140]。张子龙（2015）在对中国省际面板数据进行分析后发现，短期内环境规制对绿色发展效率会产生负面作用[141]。另外，在环境规制的倒逼影响下，企业通过利用新的生产技术，淘汰污染落后产能，促进传统产业的转型升级与高新技术产业的成长，实现污染减排和效率提升的双重效益。李光勤和刘莉（2018）通过实证研究发现，在较长时期内，环境规制对绿色发展效率会有显著的促进作用，证明了环境规制能够使经济与环境达到双赢[142]。刘和旺和左文婷（2016）认为，严格适宜的市场型环境规制可以激发技术创新，提高生产率，实现环境质量改善与生产率的双赢[143]。Golder&Banerjee（2004）研究了印度产业发展与相关流域水质量之间的关系，发现二者之间的关系不明显[144]。沈能（2012）通过研究中国工业中的各个行业的环境效率差异，发现环境规制强度和环境效率之间呈倒 U 形关系[145]。李玲等（2012）通过对中国制造业的研究发现，环境规制和生态效率之间符合 U 形关系[146]。张华等（2014）研究了中国省级面板的相关数据，发现环境规制与生态环境之间的关系呈倒 U 形[147]。任胜钢等（2016）分析得出，东中西部地区不同类型环境规制对生态效率影响大部分呈倒 U 形[148]。从以上研究结论看出，正式环境规制对绿色发展效率的直接效应取决于成本约束和创新补偿两类效应的大小。

从环境效应看，环境规制的作用主要是减排降污。环境规制的"减排降污"效应包括三个方面，即源头控制、过程控制和末端治理三个维度。源头控制主要通过在生产中最大化地采用绿色环保的投入要素，降低高耗能高污染要素的投入来控制污染的增加；过程控制是在生产过程中加大先进技术的使用率，提高生产效率，降低生产过程中资源的浪费；末端治理主要是在生产过程的末端，通过先进设备的购置，对已经产生的污染在处理达标后再排放，从而减少对环境的破坏。

从经济效应看，环境规制可以通过对技术创新产生影响从而带来经济增长。环境规制对技术创新的积极影响主要体现在适当的环境规制能够激发企业创新积极性，通过一定的税收优惠、财政补贴等配套政策，能够有效降低企业创新失败的风险，从而提高企业创新的积极性，但是环境规制也会造成企业技术创新的资金被挤占。因此，环境规制下技术创新收益的不确定性增大。从现有的研究成果看，由于研究主体、研究周期、研究方法的不同，研究结果中环境规制对绿色发展效率的作用结论也不一致，主要取决于成本约束和创新补偿的关系（图 3.4）。因此提出如下假设：

H_1：环境规制对绿色发展效率的效应呈非线性关系。

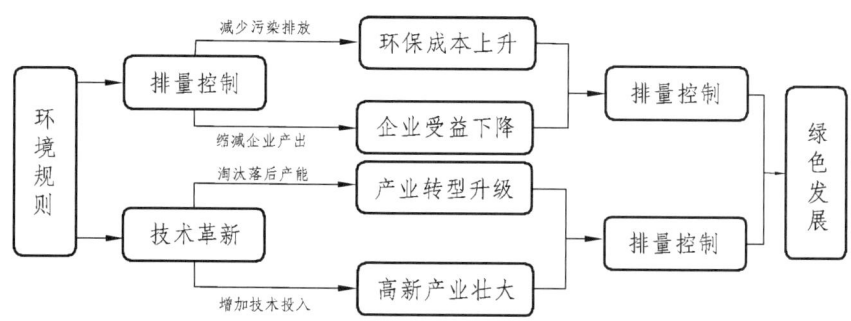

图 3.4 环境规制的排量控制及技术革新效应

3.2.2 环境规制的污染物空间转移效应

任何经济元素都存在空间依赖性和空间自相关性。随着区域间交通和通信基础设施日益完善，人才、资金、信息、技术、资源等生产要素的区域流动性大幅度提升，区域之间空间联系更加密切，绿色发展的空间关联效应逐渐引起学术界的高度关注。魏和清和李颖（2018）发现，绿色发展效率存在空间关联特征，绿色发展效率在空间层面或呈现集聚特征，或呈现异质性特征[149]。车磊等（2018）通过对中国省域层面的分析，提出中国省域间绿色发展效率存在显著空间特征，但聚集程度正在降低[150]。滕堂伟等（2019）指出，长江经济带呈现梯度化空间分异特征，相邻城市协调度的变换具有趋同特征[151]。

从已有的研究成果归纳总结出，环境规制对绿色发展影响的空间效应体现在两个方面：一是环境规制引致的污染转移。当一个地区的环境规制强度增加，污染排放较高的企业因自身经营能力有限，无法提供满足环境规制所需的各类环保设施，出于企业生存空间的考量，为继续经营，往往选择就近转移，规避环境规制约束，降低迁移的运输成本。能够接受这类企业的迁入地往往自身经济水平不高，与迁出地之间存在极大的经济发展梯度差，面临人口就业和经济增长的困境，对生态环境的要求相对宽松，经济增长的压力导致政府在选择企业时会忽略环境的影响。这样迁出地与迁入地供需匹配，高污染、高排放、高耗能的污染性企业完成了空间上的大规模转移，形成了污染的加速扩散，不利于迁入地的绿色发展。二是环境规制影响绿色发展本身具有的示范和外溢效应。地理位置上相邻的区域之间，会在自然资源禀赋、产业结构上具有相似性，区域之间经济合作和分工联系密切，在信息、技术、资本等方面均可能存在较多的互动，本地区的绿色发展会对其他地区产生示范效应，以及相应的技术、创新等要素的空间外溢，从而为周边地区的绿色发展带来便利。因此提出如下假设：

H_2：环境规制会导致污染异地转移，对承接地绿色发展效率存在空间效应。

3.2.3 环境规制的产业结构及城镇化调节效应

1）产业结构的调节效应

从"环境规制—产业结构—绿色发展效率"这条路径而言，环境规制的约束会促使产业结构的转型升级：一方面带来大量新兴技术，新型工业化代替传统的工业化，产业结构内部质量的提升提高经济发展效率，实现绿色发展；另一方面高耗能高污染的产业为了规避"遵循成本"，会向环境规制较为宽松的地区转移，而高新产业所受的冲击较小，所以环境规制促使产业结构向合理方向发展，产业结构的优化调整将加快绿色发展效率的提升。因此，环境规制对绿色发展效率的影响与所在区域经济产业结构密切相关，若产业结构越合理，环境规制对绿色发展效率的促进作用越明显，若产业结构不合理，环境规制的加强可能导致地区间陷入资源驱动恶性发展模式，绿色发展效率降低[152]。单一产业结构调整并不能提升绿色发展效率，特别是通过污染型产业外移实现产业结构调整，完成向产业结构的服务化转型，只有产业结构整体迈向高级化、绿色化、低碳化、合理化，才能起到切实转变生产方式、改善绿色发展效率的效果[153]，环境规制"只减排、不增效"的尴尬局面，将通过产业结构调整得到有效改善[154]。工业化的环境效应具有不确定性，以传统高耗能产业为主导的粗放型工业化则会产生巨大的环境压力，若干高排放产业的集聚型的工业化必然带来区域的深度污染[155]，以高技术制造业为主导的绿色新型工业化可增强区域可持续发展后劲[156]。由此提出如下研究假设：

H_3：产业结构会对环境规制影响绿色发展效率产生调节作用。

2）城镇化的调节效应

在城镇化过程中，人口集聚过程会与城市中心及外围地区生态环境产生巨大的物质能量交换，重构地区生态环境，影响区域绿色发展效率。当城镇化达到一定程度时，会通过人口集聚带来工业企业的产业集聚。一方面，人口的集聚会使资源的利用更加集约，污染物的处理更为集中，减少了污染的排放。另一方面，产业的集聚会带来规模效应，使地区经济发展水平得到迅速提升，进入快速发展阶段。因此，城镇化会借助规模效应来提升绿色发展效率[157]，同时，城镇化能够缩小城乡之间发展的差距，有效提升社会发展的整体水平。针对城镇化对绿色发展效率的具体影响轨迹，罗能生（2013）提出，城镇化水平对区域生态效率的影响存在U形曲线的特征，即在城镇化发展过程中，环境污染程度加剧，区域生态效率呈现不断下降的趋势，而后随着城镇化水平的进一步发展，技术水平不断提高，环境污染程度逐年下降，区域生态效率呈现逐年上升的趋势[158]。郑慧等（2017）认为，城镇化对绿色发展效率的影响作用大都呈现出单一线性关系，东部地区更加注重提升城镇化质量，城镇化对生态效率的促进作用强于中西部地区[159]。谢秋皓和杨高升（2019）发现，城镇化有利于聚集高端人口，提升劳动者素质，改进生产技术，提升绿色发展效率[160]。总体看，城镇化对绿色发展效率具有促进作用（图3.5）。由此提出如下研究假设：

H_4：城镇化水平会对环境规制影响绿色发展效率产生调节作用。

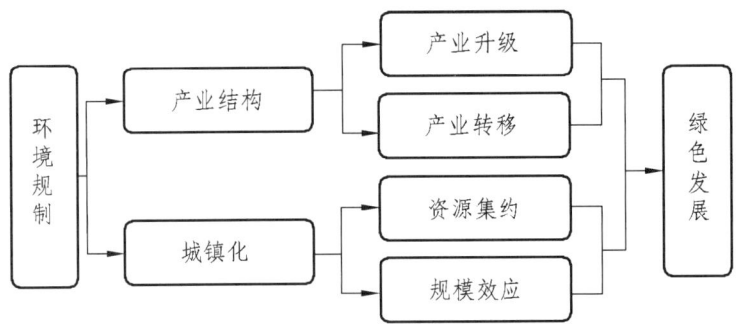

图 3.5　环境规制的产业结构及城镇化调节效应

3.3　非正式环境规制对绿色发展行为的影响

3.3.1　非正式环境规制对绿色发展行为的影响机理

计划行动理论认为，行为与意向是相互关联的，个体行为是出于行为意向的外在表达，同时行为意向会受到态度、主观规范、感知的行为制约影响。计划行为理论因其在预测个人环境行为中的独特优势，被我国学者用来分析居民实施环境行为的原因。如彭远春、毛佳宾（2018）发现，居民实施环境行为的原因，可以通过计划行为理论来做深层次的分析[166]；朱慧（2017）通过计划行为理论对行为的意图进行解释，这有助于对环保投入意愿的分析[172]；孙岩等（2012）通过对环境友好行为的研究，发现基于计划行为理论可以进一步分析个体对环境的敏感度[161]。

计划行动理论认为，个体的行为都是深思熟虑的，是经过一系列的理性判断形成的结果，建立在理性意念的基础上。现实情况是，个体在做出行为之前并不一定经过理性周密的思考，个体行为往往会受到其以往认知的影响而在瞬间采取行动，即个体行为与行为意向保持一致。这一观点成为学界的共识。行为意向的内涵存在于态度、主观规范和感知的行为控制的交织作用中，一方面态度和主观规范与目标行为越契合，感知对所处环境的控制能力越自信，采取目标行为的行动意图越强烈。个体通常会倾向做出有利于自己的行为，避免不利于自己的行为，态度反映个体对特定行为的喜恶，从而采取行动。主观规范通常被解释为个体对于知晓的其他行为所表现出来的支持或反对看法，这种主观规范往往建立在简单认识的基础上，这通常与长期所处的文化氛围和接受的教育相关。感知的行为控制是个体对特定行为可能产生结果以及对其控制能力的判断。计划行动理论认为，态度、主观规范、感知的行为控制都需要借助于作用行为意图，并通过行为意图间接影响特定行为，行为意图和实际行动是双向的互动联系，行为意图可以影响实际行动，当遇到重大困难时，实际行为的实施也可能反向影响行为意图（图3.6）。

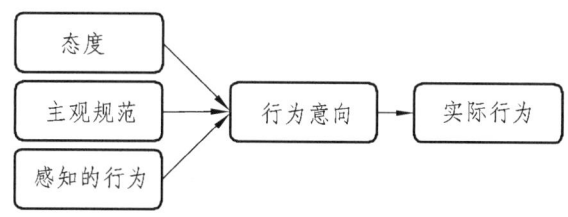

图3.6　计划行为理论的结构

计划行为理论中关于环境行为受态度、规范、感知等影响的分析，是深入分析非正式环境规制对绿色发展行为影响的理论前提。非正式环境规制是人们在长期交往中无意识地形成的，具有持久的生命力，并逐渐演化为文化的一部分。非正式环境规制的运行不受时间和地点限制，且看不见、摸不着，具有无形性，主要借助于反思、学习教育及奖惩机制形成。非正式环境规制的约束空间较之正式环境规制要大得多或广泛得多。在正式环境规制设立前，非正式环境规制能够保障社会按照常规运转。从已有文献的研究现状看，非正式环境规制可以通过环境风险感知、环境意识、环境知识、环境治理感知等维度进行测量。这四个维度对绿色发展行为将产生不同的影响。从绿色发展行为的维度看，主要分为私人领域和公共领域的绿色发展行为。私人领域的绿色发展行为具有"日常性"的特点，如垃圾分类回放、循环使用购物袋、购买环保产品等行为，是人们在日常生活中做出的一些保护环境的行为；公共领域的绿色发展行为具有"参与性"和"互动性"特点，包括参与各类环保宣传活动、对周边恶劣的环境状况进行上访、投诉等，是个体在与他人相互作用中发生的与环境保护相关的行为。因此，考察非正式环境规制对绿色发展的影响，将主要考察环境风险感知、环境意识、环境知识、环境治理感知在私人领域和公共领域对绿色发展行为的作用，并提出研究假设。

3.3.2 非正式环境规制对绿色发展行为的影响：环境风险感知视角

环境风险感知是指当个体意识到环境问题可能带来的风险或威胁时，会更关心环境问题的缓解以及环境质量的改善，进而采取负责任的绿色行为，是基于对环境优劣态势基本判断的反应。当个体感受到其所在区域的环境问题时，会采取相应的措施，这种情况在心理学层面被称为"刺激—反应"。相关研究表明，公众对环境严重性的认知直接影响环境关心和绿色行为。孙岩等（2012）发现，环境敏感度会影响城市居民的绿色行为，环境敏感度是环境态度的重要表现指标[161]。彭远春（2015）发现，对环境质量敏感的居民将采取更多的绿色发展行为[122]。龚文娟和杜兆雨（2019）发现，当周围的环境让个体意识到巨大的风险和威胁时，个体会采取积极行动来改善环境状况[162]。王晓楠（2018）发现，当个体利益受损和公众利益受损时，个体采取的行动有差异，个人利益受损会激发抗争意识，公共利益受损则可能采取视而不见的态度[125]。可见，同一风险感知在私人领域和公共领域的影响是不同的。由此，我们提出非正式环境规制中关于环境风险感知的假设：

H_{51}：环境风险感知对私人领域绿色行为有显著影响；

H_{52}：环境风险感知对公共领域绿色行为有显著影响。

3.3.3 非正式环境规制对绿色发展行为的影响：环境意识视角

环境意识是人们在长期生产生活中形成的为保护环境而不自觉调整自身行为的态度。环境意识体现了一个人对环境的关心程度以及环境偏好程度。好的环境会让人意识到人与自然和谐相处的重要性，从而采取积极性的行动，参与解决各类环境问题。因此，环境意识与绿色行为之间具有密切联系。

公众的环境意识影响他们的绿色行为，环保意识与绿色行为之间联系紧密，意识是行为的基础。差的环境意识会导致环境态度的消极和绿色行为的滞后。Schlegelmileh&Bohlen（1996）发现，环境意识越强烈，居民改善环境的行为越积极主动[163]。Barr（2003）发现，在居民生活垃圾减量化运动中，良好的环境价值观有利于居民更加积极地参与到减量化运动中[164]。聂伟（2016）认为，环境意识会显著提升公众的减排行为，但存在显著城乡差异[165]。彭远春和毛佳宾（2018）发现，环境意识越强烈的城市居民，往往会实施越多的绿色行为[166]。由此，我们提出非正式环境规制中关于环境意识的假设：

H_{61}：环境意识对私人领域绿色行为有显著影响；

H_{62}：环境意识对公共领域绿色行为有显著影响。

3.3.4 非正式环境规制对绿色发展行为的影响：环境知识视角

环境知识作为解释绿色行为的变量一直为学界所重视。环境知识是人们具备的判断环境问题所需的生态环境常识、专业环境知识、相关法律法规知识的总称。

从政治参与的角度看，如果要参与各类环境保护活动，必须具备一定的信息和知识储备[167]。海因斯等（1987）发现，绿色行为与环境知识的掌握密切相关，环境知识可以提高绿色行为的改善。Chan&Lau（2000）在对消费者行为选择研究的过程中发现，具备一定环保知识的消费者相对不具备环保知识的消费者，更倾向选择具有绿色产品标识的产品[168]。任莉颖（2002）在对公众环境参与的众多影响因素综合分析后发现，环保知识对公众环境参与行为具有较大影响[169]。Hadler&Haller（2011）通过对公共行为和私人行为的对比发现，环境知识的掌握更倾向采取公共行为[170]。段文杰等（2017）提出，日常环境知识通过生活环境污染状况转化为私人领域行为和公共领域行为，而专业环境知识直接转化为公共领域行为且不对私人领域行为产生影响[171]。朱慧（2017）发现，环境知识水平对环境友好行为有积极的影响，但这种作用部分受到社会人口学特征变量的抑制，且私人领域绿色发展行为和公共领域绿色发展行为的影响因素存在较大差异[172]。胡意平和余敬（2019）发现，通过绿色行为意愿的影响，环境知识对绿色行为表现出正向影响[173]。由此，我们提出非正式环境规制中关于环境知识的假设：

H_{71}：环境知识对私人领域绿色行为有显著影响；

H_{72}：环境知识对公共领域绿色行为有显著影响。

3.3.5 非正式环境规制对绿色发展行为的影响：环境治理感知视角

环境治理是政府的一项基本职能。我国目前对环境工作高度重视，尤其是三峡库区的环境建设，它是关系到长江上游生态安全的战略问题。因此，纳入"当地政府环境治理感知"变量是对三峡库区环境领域特殊情况的回应。政府环境治理的效果体现了政府生态环境建设的决心，因其权威示范性会对个体行为产生重要的导向作用。在私人领域，个体对环境治理的感知将增强绿色发展的信心。在公共领域，政府治理效果会激发个体参与环境行动的积极性。施生旭和甘彩云（2017）发现，公众对地方政府和中央政府的环保工作满意度存在较大差距[174]。高孟菲和郑晶（2019）认为，对政府治理工作评价较高，会显著正向影响公众环境友好行为；对政府治理工作评价低，会显著负向影响公众环境友好行为[175]。张国兴等（2019）认为，政府颁布的公众环境参与政策具有强制性，对环境污染的治理效率具备一定的正面效力和长期影响效应[176]。由此，我们提出非正式环境规制中关于环境治理感知的假设：

H_{81}：环境治理感知对私人领域绿色行为有显著影响；

H_{82}：环境治理感知对公共领域绿色行为有显著影响。

综上，图3.7反映了非正式环境规制对绿色发展行为的影响机理。

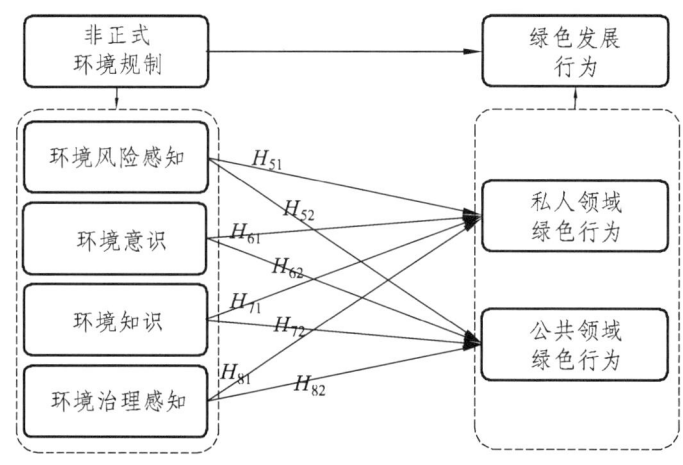

图 3.7 非正式环境规制对绿色发展行为的影响机理

3.4 本章小结

本章重点分析环境规制对绿色发展影响的理论框架。首先，分析绿色发展的主要影响因素,然后分析正式环境规制与非正式环境规制间的关系，提出非正式环境规制对正式环境规制具有潜移默化的影响，在形式上可以构成对正式环境规制安排的"先验"模式，从而影响正式环境规制的制定与执行。其次，从正式环境规制层面研究其对绿色发展效率的直接效应、空间效应和调节效应提出研究假设，从非正式环境规制层面研究其对绿色发展行为的影响，主要包括环境风险感知、环境意识、环境知识、环境治理感知等维度，并提出研究假设。

4 三峡库区环境规制与绿色发展演变

在快速工业化和城镇化背景下，伴随着资源环境和经济发展间矛盾冲突的变化，环境规制也在经历不断的变革和调整。本章主要对三峡库区环境规制政策演变的历史脉络、三峡库区环境规制和绿色发展的时空演变进行分析。首先，对研究区域的区情概况进行分析；其次，从中央、地方两层面系统梳理了三峡库区近十几年来的环境规制变迁；最后，利用 ArcGIS 的技术手段，对不同时期三峡库区的环境规制和绿色发展水平进行分析，展示三峡库区环境规制实施的成效。

4.1 研究区域与发展现状

4.1.1 研究区域

三峡库区地处长江流域腹心地带，包括三峡水库蓄水淹没及汛后影响涉及的湖北省和重庆市共计 26 个区县，即湖北省宜昌市所辖的秭归县、兴山县、夷陵区，恩施州所辖的巴东县；重庆市所辖的巫山县、巫溪县、奉节县、云阳县、开州区、万州区、忠县、涪陵区、丰都县、武隆区、石柱县、长寿区、渝北区、巴南区、江津区及重庆核心城区（包括渝中区、北碚区、沙坪坝区、南岸区、九龙坡区、大渡口区和江北区）。三峡库区划分为库首、库腹、库尾三大区域。库首主要位于三峡库区湖北区域，包括秭归县、兴山县、夷陵区、巴东县 4 个区县；库腹与库尾位于三峡库区重庆区域，涵盖了 22 个区县，库腹包括巫山县、巫溪县、奉节县、云阳县、开州区、万州区、忠县、涪陵区、丰都县、武隆区、石柱县；库尾包括长寿区、渝北区、巴南区、江津区、渝中区、北碚区、沙坪坝区、南岸区、九龙坡区、大渡口区和江北区。

4 三峡库区环境规制与绿色发展演变

由于三峡库区重庆段和湖北段分别归属于不同行政省份，在反映环境规制和绿色发展的相关统计指标上，统计年鉴涉及数据的统计口径有所差别，为使研究更具科学性和可比性，选取同一行政区域单元内的三峡库区展开例证分析。同时基于研究样本的代表性，无论从地理范围还是发展影响看，三峡库区重庆段均占绝对比重，故本书在以下篇幅中的分析均选择三峡库区重庆段作为研究范围，即巫山县、巫溪县、奉节县、云阳县、开州区、万州区、忠县、涪陵区、丰都县、武隆区、石柱县、长寿区、渝北区、巴南区、江津区、渝中区、北碚区、沙坪坝区、南岸区、九龙坡区、大渡口区和江北区等22个区县。因此，在以下篇幅中的分析，如无特殊注明，三峡库区均指三峡库区重庆段。

在研究时间的选择上，考虑到统计年鉴体例变化以及统计系统内部对数据的定期调整，较长时间段的数据质量会受到影响，同时结合2009年三峡工程的竣工[①]，为便于做相应时间前后的对比分析，特选定三峡工程完成前5年和三峡工程完成后至今，即2004—2018年为研究期间做数据分析。

4.1.2 区情概况

受三峡枢纽工程影响，兼之三峡库区本身地理区位的特殊性，三峡库区发展面临生态环境、经济环境和社会环境的多重约束，在起伏中不断向绿色发展方向迈进。

1）整体经济发展不断完善，但发展不平衡不充分的矛盾仍然存在

从三峡库区GDP总量来看，2004—2018年经济总量不断增加，由1 718.02亿元增至13 962.63亿元，期间最高增速达到37%，最低增速为7.1%；从人均GDP看，人均GDP从10 149.20元增长至71 480.45元，期间最高增速达到27.33%，最低增速为6.20%。总体上看，三峡库区基本保持了与全国以及重庆市的发展态势，且人均GDP高于同期全国水平和重庆市水平。就三峡库区内部而言，发展不平衡问题仍然明显。从GDP看，库尾地区占三峡库区比例在65%以上，部分年份接近80%，尽管自2010年

[①] 2009年6月30日，三峡大坝32台机组同时并网发电，双线五级船闸正常运行，开始发挥它的巨大综合效益，标志着三峡工程除国家批准缓建的垂直升船机外，已全部竣工。

以来,库腹地区 GDP 增速高于三峡库区和库尾地区,但经济体量上库尾地区仍然优势明显,绝对值差距有进一步扩大趋势。从三峡库区人均 GDP 看,2010 年以来库腹地区增速高于平均水平,体现出良好发展态势,但从绝对值看,库腹地区与库尾地区的差距仍在拉大,2004 年库尾地区比库腹地区高 8 800 元,2011 年差距为 28 339 元,到 2018 年差距扩大为 38 512 元(图 4.1、图 4.2)。

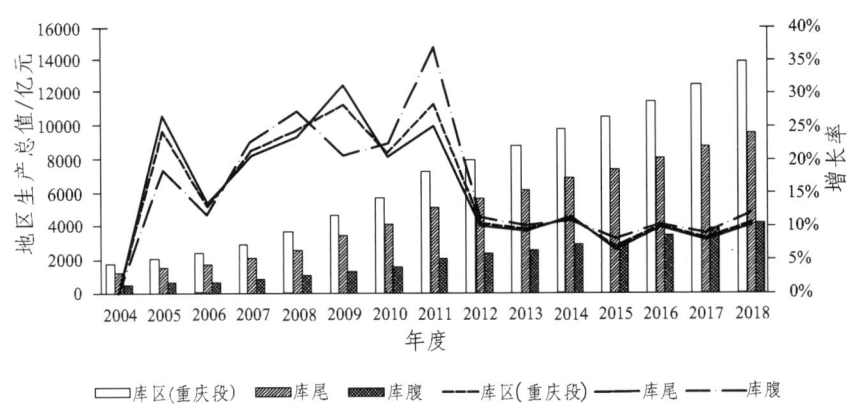

图 4.1 2004—2018 年三峡库区地区生产总值与增长率

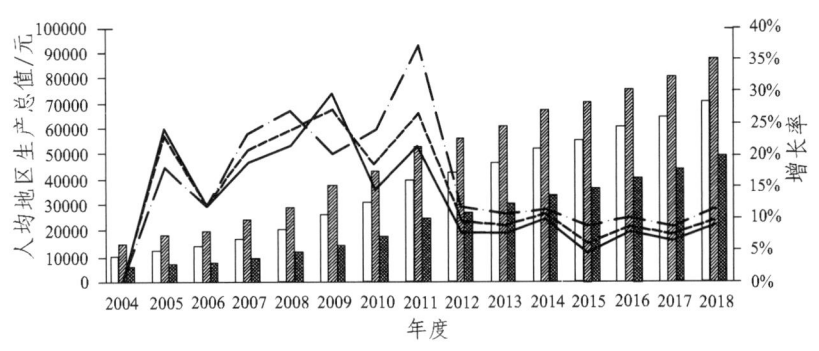

图 4.2 2004—2018 年三峡库区人均地区生产总值与增长率

从三峡库区产业结构来看,三峡库区产业结构变化明显,但仍然呈现"一产弱、三产缺"的特征。2004—2018 年,第一产业比重由 12% 降至 5%,第三产业比重则相应由 39% 增至 56%,但相比全国水平而言,库区依然呈现"一产弱、三产缺"的特征。区域间产业结构情况差异明显,库尾地区三产优势明显，占比从 40% 提高到 61%，二产占比下降明显，从 52% 下降到 36%，实现了退二进三的产业布局；库腹地区一产下降明显，占比从 23% 下降到 11%，二产占比仍然偏高，占比为 40%~50%，三产发展仍然不足，尽管近年来有所提升，但占比在 40% 浮动（表 4.1）。

从三峡库区全社会固定资产投资和社会消费品零售总额来看，发展变化有喜有忧，总体规模上升，但发展增速有所回落。从全社会固定资产投资看，2004—2011 年库区总体增速较快，尤其是库腹地区，部分年度固定资产投资增长率接近 40%，2011 年库区总体增速放缓，增速均在 20% 以下，2016 年增速下降至 10% 以下，同期库腹地区增速高于库区平均水平和库尾地区，全社会固定资产投资经历了逐渐回落的过程（图 4.3）。

表 4.1 三峡库区产业结构演变

年度	库区			库尾			库腹		
	一产	二产	三产	一产	二产	三产	一产	二产	三产
2004	0.12	0.49	0.39	0.08	0.52	0.40	0.23	0.41	0.36
2005	0.10	0.44	0.46	0.06	0.46	0.48	0.21	0.40	0.39
2006	0.09	0.45	0.46	0.06	0.47	0.47	0.19	0.40	0.40
2007	0.10	0.47	0.44	0.05	0.49	0.46	0.20	0.42	0.38
2008	0.08	0.50	0.42	0.05	0.52	0.44	0.17	0.46	0.36
2009	0.07	0.45	0.48	0.04	0.45	0.51	0.16	0.45	0.39
2010	0.07	0.47	0.46	0.03	0.47	0.49	0.15	0.47	0.38
2011	0.06	0.50	0.44	0.03	0.49	0.47	0.13	0.51	0.37
2012	0.06	0.49	0.45	0.03	0.49	0.48	0.13	0.50	0.37
2013	0.06	0.49	0.45	0.03	0.48	0.49	0.13	0.51	0.37
2014	0.06	0.49	0.46	0.03	0.48	0.49	0.12	0.51	0.37
2015	0.06	0.46	0.48	0.03	0.44	0.53	0.12	0.50	0.38
2016	0.06	0.45	0.49	0.03	0.43	0.54	0.12	0.49	0.38
2017	0.06	0.46	0.49	0.03	0.44	0.54	0.12	0.50	0.38
2018	0.05	0.39	0.56	0.02	0.36	0.61	0.11	0.44	0.45

数据来源：重庆统计年鉴（2005—2019）。

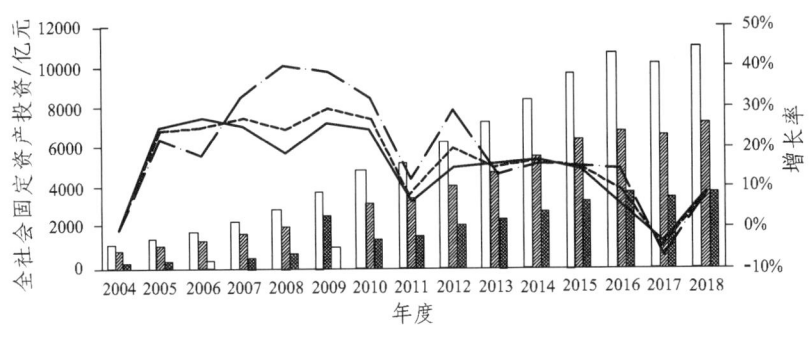

图 4.3 2004—2018 年三峡库区固定资产投资额及增长率

三峡库区社会消费品零售总额总量增加明显，由 2004 年 756.53 亿元增加至 2018 年 5 571.83 亿元。2013 年前，社会消费品零售增速较快，增速在 15% 以上，之后逐渐回落。从不同区域的比较看，2012 年以前库尾地区增速高于库腹地区，2012 年以后库腹地区增长较快，增速高于库尾地区。总体上，库尾地区社会消费品零售总额远高于库腹地区（图 4.4）。不论全社会固定资产投资还是社会消费品零售总额，近一两年呈现负增长，这与库区总体产业转型、经济"挤水分"有密切关系。

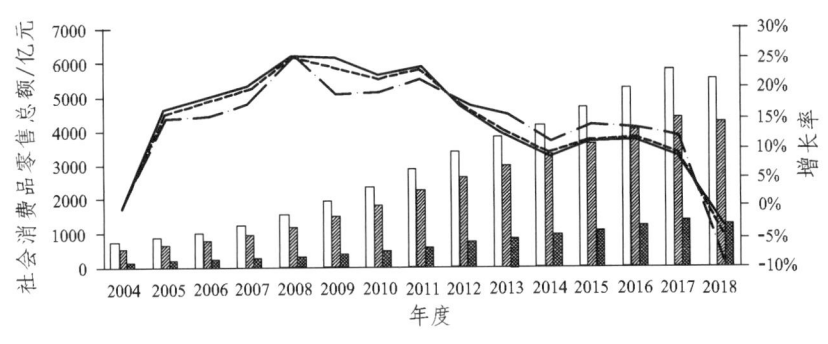

图 4.4 2004—2018 年三峡库区社会消费品零售总额及增长率

从城镇化水平看，三峡库区城镇化水平稳步提高，库尾地区城镇化率明显高于库腹地区。2004 年有 6 个区县的城镇化率在 25% 以下，分别为丰都、忠县、开州、云阳、奉节、巫山、武隆、巫溪、石柱，其中最低的是巫溪，仅 14.31%；2009 年城镇化率在 25% 以下的有巫溪和石柱，同期库尾地区所有区县的城镇化率均在 50% 以上,而库腹地区的城镇化率在 50% 以上的仅有万州和涪陵;2014 年库尾地区城镇化率均在 60% 以上,库腹地区所有区县的城镇化率也在 30% 以上;2018 年,库尾地区区县的城镇化率均为 66% 以上,库腹地区除巫溪(37%)外均在 40% 以上,其中万州、涪陵的城镇化率分别为 67% 和 69%(图 4.5)。

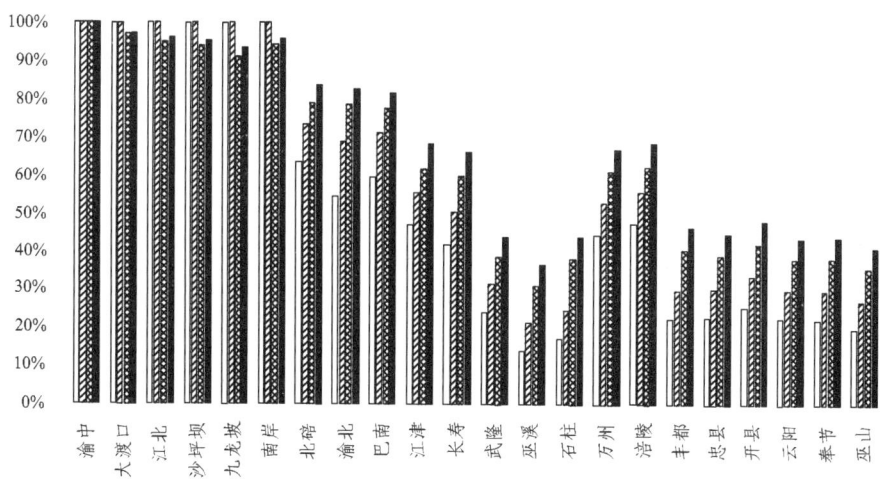

图 4.5 三峡库区城镇化率演变

2)总体生态环境不断改善,但局部风险形势依然严峻

三峡库区地处我国一级阶梯向二级阶梯的过渡地带,山脉众多,重峦叠嶂,绵延纵横,山高谷深,地貌类型多样,以山地为主,占土地总面积的 90% 以上。区域内自然生态环境表现出明显的脆弱性特征,山地自然灾害频繁是全国生态环境问题最突出的地区之一。

从水环境看,流域内城市(县级市以上)集中式饮用水水源地监测断面达标率为 92.8%、乡镇为 96%,城镇生活污水、工业污水、生活垃圾无害化处理率分别达到 90%、90%、95%。长江干流水环境恶化的趋势得到一定程度的遏制。2018 年三峡库区大中型水库富营养程度总体较轻,营养状态指数为 14.9~56.9,森林覆盖率在 50% 以上,湿地保护率提升至 60% 以上。2019 年长江干流重庆段水质持续保持为优,重庆境内纳入监测的 9

个长江干流国考断面水质全部为Ⅱ类;纳入国家考核的 42 个断面水质达到或优于Ⅲ类的比例为 97.6%,无劣Ⅴ类水质断面;城乡饮用水源总体安全,库区集中式饮用水水源地水质达标率为 100%。

农村面源污染问题不容忽视。相关研究及实际案例表明,农业面源污染排放占自然水体富营养化污染排放总量的 2/3 左右。随着农村社会结构、生活方式和耕作方式的转变,农村对化肥、农药等投入更加依赖,农业面源污染日渐加剧。库区农业面源污染总氮和总磷分别占本地污染源的 91% 和 79%,是库区水体富营养化的重要来源。2018 年,三峡库区化肥使用量约为 44.6 万吨,施用强度是安全水平的 2 倍、全国平均水平的 1.2 倍,其中 60%流失到环境中;农药使用量约达 8 410 吨,其中 90%流失到环境中。此外,农村生活垃圾、生活污水、禽畜养殖粪便大量未处理排放,并以每年 10%左右的速度递增,若不加以控制治理,未来农业面源污染将更为突出。

水土流失问题依然严重。2018 年,三峡库区水土流失面积达 1.61 万平方千米、流失面积占比高达 35%;地质灾害隐患大,自三峡水库试验性蓄水以来,三峡工程库区共发生地质灾害险情 661 起,滑坡崩塌总体积约 4.3 亿立方米。

水岸线问题交织,河道"清四乱"等专项行动的推动难度较大。三峡库区重庆段 247.51 平方千米的消落区尚未得到有效治理。防护林建设任重而道远。库区沿江两岸绿化还存在林相单一,很多"断档""天窗",造林资金压力大,用地落实困难等问题。

3)经济发展需求与生态环境保护矛盾依然突出

三峡库区所在区域是我国贫困人口最集中、贫困程度最高、脱贫致富难度最大的区域之一,普遍处于欠发达阶段,区域内人均 GDP、人均可支配收入、财政收入均低于全国平均水平,同时也是我国人口的重要聚居区,人口密度高于全国平均水平 2 倍;人均耕地仅为全国人均耕地的 80%。因此,在加强三峡库区生态环境建设的同时,三峡库区经济发展与生态环境保护矛盾依然突出。与农民生计相冲突、不协调的情况也时有发生。

4.2 三峡库区环境规制体系

4.2.1 国家层面

1）正式环境规制

（1）顶层设计逐步完善。我国高度关注三峡库区及其上游地区生态环境建设保护。1992年4月3日，中共七届全国人大五次会议通过了《关于兴建长江三峡工程的决议》，决定将兴建三峡工程列入国民经济和社会发展十年规划。1994年12月14日，国务院总理李鹏宣布开工。江泽民总书记在1997年三峡大江截流时的讲话中指出："在三峡工程建设中，保护好流域的生态环境极为重要。"胡锦涛总书记在2010年西部大开发十周年工作会议上指出："要把加强生态环境保护和建设作为开发的根本。"2016年1月，习近平总书记在重庆考察调研时强调，保护好三峡库区和长江母亲河，事关重庆长远发展，事关国家发展全局。要深入实施"蓝天、碧水、宁静、绿地、田园"环保行动，建设长江上游重要生态屏障，推动城乡自然资本加快增值，使重庆成为山清水秀美丽之地。2018年4月26日，习近平总书记在武汉主持召开深入推动长江经济带发展座谈会上指出，要坚持把修复长江生态环境摆在推动长江经济带发展工作的重要位置，共抓大保护，不搞大开发。不搞大开发不是不要开发，而是不搞破坏性开发，要走生态优先、绿色发展之路。

（2）组织体系不断加强。1995年，国务院三峡工程建设委员会成立了由国务院有关部委和湖北省、重庆市政府共16个成员单位组成的生态与环境保护协调小组，专门负责协调与三峡工程相关的生态建设和环境保护工作。与此同时，三峡工程建设期间的环境保护工作要受国务院三峡工程建设委员会的统一领导，由国务院有关部门（含国务院三峡办）、湖北省和重庆市政府、中国三峡总公司分别负责，重大问题报国务院批准。列入工程概算的施工区以外的生态环境保护项目和生态环境监测科研由国务院三峡建委办公室负责组织实施。移民安置项目的环境保护由重庆市和湖北省组织实施，国务院三峡办负责监督协调。2001年，我国相继成立了三峡库区水污染防治领导小组，指导和组织开展三峡库区水污染防治工作。2005年，为进一步加强三峡库区及其上游水污染防治工作，保护和改善三峡库区水环境质量，经国务院同意，建立三峡库区及其上游水污染防治部际联席会议制度。国务院有关部委通力协作，形成对三峡库区及长江上游水污染防治的工作支持；国家发展改革委对纳入重点流域水污染防治规划的项目合理安排资金，财政部为了推动库区完善污水处理收费政策、逐步提高污水处理收费标准，针对三峡库区建立了"以补促提"污水处理补助机制；住房和城乡建设部对口支援了库区及其上游地区污水处理设施的建设运营；水利部门加强对库区水华现象和跨省界水质的监督，通过了《三峡水库优化调度方案》，促进水资源的合理利用；交通运输部重点针对船舶污染开展防治工作，并大力推进长江干线船型标准化；三峡办围绕三峡工程生态环境建设开展了保护试点示范工作；长江三峡集团公司支持相关地方开展了库区干流清漂工作。近年来，长江上游各省市积极探索完善水污染防治管理体制，成立了政府牵头的水污染防治领导小组，建立"河长制"，有效推动水污染防治工作。

（3）制度框架初步搭建。1994年，国务院三峡建委批准了《长江三峡工程水库淹没处理及移民安置规划大纲》，明确了水土保持等环境保护内容及经费，在《移民安置规划》中编制了移民环境保护规划，指导各地区在移民安置中的环境保护工作。2001年，国务院批准了《三峡库区及上游水污染防治规划》。2007年9月，在国务院三峡建委三峡工程生态环境建设与保护工作座谈会会议精神的指导下，根据三峡库区生态建设和环境保护的指导思想和战略目标，逐步开展了消落区治理、支流水环境综合治理、支流饮用水源安全保障、库岸带生态屏障建设、农村截污、城镇截污、生物多样性保护项目规划和实施工作。2008年1月31日，国务院批准了《三峡库区及上游水污染防治规划（修订本）》，该规划科学有序地指导库区及上游生态环境建设与保护工作。2011年5月，国务院常务会议讨论通过的《三峡后续工作总体规划》把生态环境建设与保护作为六大任务之一。2012年4月，国务院批准实施的《重点流域水污染防治规划》再次将三峡库区及其上游流域水污染防治纳入其中。国家投入大量资金实施了退耕还林、天然林保护、长江防护林建设和长江上游水土保持重点防治工程建设等，促进了长江上游流域生态环境建设与保护。正是因为得到了中共中央、国务院的重视，三峡库区及长江上游水污染防治才取得了重大进展，确保了三峡水库水质总体保持稳定。

2）非正式环境规制

早期的非正式环境规制的主要形式为环境教育，通过环境教育来影响和提升普通民众的环境意识，提高其对环境知识的掌握，激发其参与环境活动的积极性。这一时期的非正式环境规制，表现形式较为单一，但在激发全社会的环境意识、倡导爱护环境等方面打下了良好基础。

早在1972年，中国政府派出代表团参加了联合国人类环境会议，此次会议在环境建设中具有里程碑意义。会议提出中国存在的环境问题，明确了"环境教育的性质、对象和意义"，强调环境教育要"涉及校内外各级教育，对象为全体大众，尤其是普通市民"，明确了环境教育在新中国生态环境建设中的重要作用，为非正式环境规制体系的形成奠定了基础。1973年，第一次环保大会制定了《关于保护和改善环境的若干规定》，其中有一项涉及环境教育，即"大力开展环境保护的科学研究工作和宣传教育"，这项要求强调了在正式规制之外，宣传教育等对环境保护的潜移默化作用。

学校、媒体、社区等参与到非正式环境规制体系的建设中。1989年召开的第三次全国环境保护会议提出，"加强环境保护的宣传教育，提高全民族的环境意识，特别要提高各级领导的环境意识"。1992年召开的首次全国环境教育工作会议，提出把环境教育作为一项解决环境问题的根本途径，确定了"保护环境，教育为本"的环境教育方针，环境教育的内容从"人口、资源、环境污染和环保方面的知识"发展为"把环境保护和发展结合起来"。这一时期环境教育的目的旨在树立正确的资源观、环境观和人口观，以及可持续发展意识，非正式环境规制的影响得到了广泛认同。环境教育领域也逐渐开放，学校教育在环境教育中的作用凸显，对全民良好的环境意识形成起到了突出作用。环境教育的主体不再单一，从传统的政府环境保护部门的单打独斗，向学校媒体等宣传教育部门联合开展转化，宣传与教育并举，对非正式环境规制的形成起到了良好促进作用。社区是公众生活工作的基本单元，2004年制定了《全国"绿色社区"创建指南（试行）》。同年，教育部印发的《关于推进社区教育工作的若干意见》进一步明确了推进社区教育工作的指导思想、原则、目标、任务、措施。《2003—2007年教育振兴行动计划》提出了积极推进社区教育，加快构建终身教育体系。社区开展的生态文明教育与居民生活有效结合，在提高公众生态意识等方面发挥了教育主体的作用。

民间组织的兴起对非正式环境规制作用发挥产生了积极影响。环保民间组织是以环境保护为主旨、不以营利为目的的社会组织，尽管不具有行政权力，但民间组织能够在政府之外为社会提供大量的环境公益性服务。我国最早由政府部门发起成立的环保民间组织是1978年5月成立的中国环境科学学会。1994年自然之友在北京注册成立，此后各类环境保护组织纷纷成立。环保民间组织最早主要从事环境宣传及特定物种保护等，即面向公众开展系列与环保相关的宣传教育活动，或者组织环保志愿者开展内部培训，随着环保组织的活动范围的扩大，逐渐发展到开展社会监督，组织公众参与环保，维护公众环境权益，为国家环保事业建言献策等诸多领域，对我国的环境建设起到了很好的辅助作用。

4.2.2 地方层面

1）正式环境规制

在国家政策体系框架范围内，地方政府也积极推动生态环境保护与治理。在积极安置移民实现安稳致富的同时，对三峡库区的环境治理工作开展得井然有序，尤其是围绕三峡库区的水污染防治、水土流失等突出问题，从生态建设、保护与治理、污染防治、资源综合利用、消落区治理等方面出台了一系列政策（表4.2）。从政策的规律看，早期政策主要突出了污染防治（2004—2010年），2010年以后，政策侧重有所调整，保护与治理并重，2012年以来，将资源综合利用摆在了突出位置。政策实施的调整，也反映出不同时期三峡库区发展面临的不同问题，以问题为导向，形成了一套治理—保护—利用的地方政府环境规制体系。党的十八大以来，重庆市委、市政府高度重视生态文明建设和生态环境保护，全面贯彻习近平总书记视察重庆重要讲话精神，深入践行"绿水青山就是金山银山"的理念，坚定不移走生态优先、绿色发展新路，认真落实"共抓大保护、不搞大开发"，实施"水气土污染防治攻坚战"和生态文明体制改革，三峡库区的生态环境保护工作取得了积极进展。

表 4.2 三峡库区适用的部分主要政策

序号	名称	颁布（成文）日期	发文号	解决问题
1	《重庆市实施〈中华人民共和国渔业法〉办法》（2004年）	2004.05.30	重庆市人大常委会公告〔2004〕8号	水质保护
2	《重庆市长江三峡库区流域水污染防治条例》	2005.05.27	重庆市人大常委会公告〔2005〕第10号	水质保护
3	《重庆市实施〈中华人民共和国野生动物保护法〉办法》（2005年）	2005.05.27	重庆市人大常委会公告〔2005〕第14号	生态建设
4	《重庆市长江三峡水库库区及流域水污染防治条例》	2011.07.29	重庆市人大常委会公告〔2011〕第26号	污染防治
5	《重庆市餐厨垃圾管理办法》	2009.07.21	渝府令〔2009〕226号	污染防治
6	《重庆市城市生活垃圾处置费征收管理办法》	2011.08.01	渝府令〔2011〕255号	污染防治
7	《重庆市三峡水库消落区管理暂行办法》	2012.12.13	渝府令〔2012〕267号	生态建设
8	《重庆市公益林管理办法》	2017.01.24	渝府令〔2017〕312号	保护与治理
9	《重庆市生活垃圾分类管理办法》	2018.11.16	渝府令〔2018〕324号	污染防治
10	《重庆市建设用地土壤污染防治办法》	2019.12.08	渝府令〔2019〕332号	污染防治
11	《关于加强三峡工程建设期三峡水库管理的意见》	2004.10.14	渝府发〔2004〕88号	消落区治理
12	《关于印发三峡水库重庆库区周边绿化带建设工程实施方案的通知》	2004.11.08	渝府发〔2004〕93号	生态建设
13	《重庆市排污口设置管理办法》	2005.04.20	渝府发〔2005〕36号	污染防治
14	《关于促进节约集约用地的意见》	2008.10.22	渝府发〔2008〕108号	资源综合利用
15	《关于切实加强三峡水库重庆库区消落区管理的通知》	2009.08.05	渝府发〔2009〕73号	消落区治理
16	《批转重庆市地表水环境功能类别调整方案的通知》	2012.01.09	渝府发〔2012〕4号	保护与治理
17	《贯彻落实国务院关于加强地质灾害防治工作决定的实施意见》	2012.04.28	渝府发〔2012〕53号	应急管理

续表

序号	名称	颁布（成文）日期	发文号	解决问题
18	《关于实行最严格水资源管理制度的实施意见》	2012.07.07	渝府发〔2012〕63号	资源综合利用
19	《关于加强集中式饮用水源保护工作的通知》	2012.07.24	渝府发〔2012〕79号	生态建设
20	《关于印发"十二五"控制温室气体排放和低碳试点工作方案的通知》	2012.09.21	渝府发〔2012〕102号	资源综合利用
21	《关于印发重庆市碳排放权交易管理暂行办法的通知》	2014.04.30	渝府发〔2014〕17号	资源综合利用
22	《关于贯彻〈畜禽规模养殖污染防治条例〉的实施意见》	2014.08.10	渝府发〔2014〕37号	保护与治理
23	《关于印发贯彻落实国务院水污染防治行动计划实施方案的通知》	2015.12.15	渝府发〔2015〕69号	污染防治
24	《关于实施大气污染物综合排放标准等五项地方环保标准的批复》	2016.01.28	渝府〔2016〕3号	污染防治
25	《关于重庆长江流域晒网坝重点控制单元水环境综合整治实施方案的批复》	2016.09.16	渝府〔2016〕71号	污染防治
26	《关于重庆市主城区水污染防治总体实施方案（2016—2018年）的批复》	2016.09.22	渝府〔2016〕79号	污染防治
27	《关于重庆市水土保持规划（2016—2030年）的批复》	2017.05.19	渝府〔2017〕19号	保护与治理
28	《关于发布重庆市生态保护红线的通知》	2018.07.05	渝府发〔2018〕25号	生态建设
29	《关于加快推进我市次级河流水污染综合整治工作的意见的通知》	2004.09.21	渝府办发〔2004〕289号	水质保护
30	《关于进一步做好三峡库区水面漂浮物清理工作的通知》	2005.02.28	渝府办发〔2005〕9号	消落区治理
31	《关于转发三峡水库重庆库区周边绿化带建设工程管理办法的通知》	2005.05.25	渝府办发〔2005〕32号	生态建设

续表

序号	名称	颁布（成文）日期	发文号	解决问题
32	《关于建立重庆市三峡水库管理联席会议制度的通知》	2005.07.19	渝府办发〔2005〕52号	综合管理
33	《关于进一步巩固退耕还林成果的通知》	2005.09.08	渝府办发〔2005〕198号	生态建设
34	《关于印发重庆市深化电镀行业污染整治实施方案的通知》	2006.04.28	渝府办发〔2006〕99号	污染防治
35	《关于进一步做好三峡库区污水处理厂污泥处置和垃圾处理场渗滤液处理有关工作的通知》	2006.05.13	渝府办发〔2006〕112号	污染防治
36	《关于印发重庆市三峡库区流域水环境突发公共事件应急预案的通知》	2007.08.21	渝府办发〔2007〕228号	水质保护
37	《关于印发重庆市河道管理范围划定管理办法的通知》	2016.11.05	渝府办发〔2016〕224号	保护与治理
38	《关于加强天然水域禁渔管理工作的通知》	2017.01.23	渝府办发〔2017〕4号	保护与治理
39	《关于印发重庆市湿地保护修复制度实施方案的通知》	2017.05.24	渝府办发〔2017〕68号	保护与治理
40	《关于印发调整重点水源工程建设管理机制实施方案的通知》	2017.10.03	渝府办发〔2017〕148号	保护与治理
41	《关于印发重庆市主城区"清水绿岸"治理提升实施方案的通知》	2019.01.04	渝府办〔2018〕27号	保护与治理
42	《关于推进长江上游生态屏障（重庆段）山水林田湖草生态保护修复工程的实施意见》	2019.02.18	渝府办〔2019〕2号	保护与治理

注：根据相关资料整理。

2）非正式环境规制

三峡库区特殊的人力结构决定了教育在非正式环境规制形成中的主体作用。三峡成库后，农村富余劳动力较多，最高时曾接近200万人，劳动力文化水平普遍较低，平均受教育年限仅8年，成年人文盲、半文盲的比例约为 15%。同时，库区还有大量的留守儿童、老人和妇女。由于农村移民和库区人口总体受教育年限偏短，文化素质偏低，对环境问题缺乏系统认识，同时迫于生存压力，对环境保护的重视程度普遍不高。通过教育让公众形成对环境保护的共识，对三峡库区的长治久安具有重要意义。

三峡库区这一特殊的地理区位决定了库区教育必然要结合库区的经济发展和环境条件开展。在《三峡后续工作总体规划》设计中，三峡库区的教育主要是围绕技能培训、提高人力资本、促进移民安稳致富等方面来开展的，解决劳动力就业是主要任务。同时，总体规划强调，教育培训的开展应该适应库区产业结构调整和生态环境保护新要求，突出生态工业的专业特色。从这些要求看，三峡库区教育培训的目的不仅仅是解决劳动力再就业，而是通过完善劳动人口的认知，改进三峡库区劳动力的内在结构，达到既要金山银山也要绿水青山的目标要求。三峡库区的教育培训中必然会涉及环境保护、绿色发展等内容。

社区教育在三峡库区环境保护建设中起到了积极作用。《重庆市人民政府办公厅关于进一步加强社区教育工作的意见》（渝办发〔2012〕300号）（以下简称《意见》）提出，社区教育的对象、组织者、实施者分别是居民、政府以及社区，社区教育可以将广播电视大学作为远程教育网络的平台。这一要求下三峡库区教育迎来了机遇，使库区教育摆脱了资源相对贫瘠的困境。《意见》提出"依托电大远程教育网络"，弥补了传统社区教育师资资源的不足，适应了大数据时代发展需求，将库区社区教育的政策、人力以及网络资源进行有机整合，有效改善了三峡库区移民社区教育滞后的现状，创新了三峡库区移民社区教育制度，为三峡库区环境保护建设贡献了积极力量。

4.3 三峡库区环境规制强度时空演变特征

4.3.1 数据来源与研究方法

1）指标设计与数据来源

在 2.1.1 节中已阐述环境规制是以保护环境为目的，通过有形制度或无形意识形成的一种环境保护的约束性力量。为了更好地从时间维度审视三峡库区的环境规制的变迁，本节从宏观层面的正式环境规制展开分析。

关于环境规制强度的衡量，基于 1.2.1 节的文献回顾分析，总体可以划分为两大类：一是从环境规制的实施过程看，包括政府出台的环境保护相关政策文件、污染治理投资（占总产出比重）、排污税费（占财政支出比重）等；二是从环境规制的实施效果看，采用环境规制下的主要污染物排放量予以反映，或直接采用绝对数指标衡量，如污染物排放量（达标量），或使用相对数指标衡量，如污染排放达标率（去除率）。考虑到难以全面把握环境规制的过程，不易完全获取政府出台的强化环境保护规章制度数据，而实施环境规制政策、加大污染治理投入、征收环境税费旨在通过削减污染排放实现绿色发展，降低污染排放是实行过程管制的核心目标。因此，参照傅京燕和李丽莎（2010）的指标构建方法，基于各类污染物排放的严重程度，从环境规制的实施效果出发，选取指标构建正式环境规制强度的综合测量体系。本章从生产和生活领域分别选取相关指标进行综合测量，其中生产领域的指标对农业和工业均有所涉及（表4.3）。

（1）农药施用强度和化肥施用强度。一直以来，化肥、农药减量化都是三峡库区环境治理的重要方面。《三峡后续工作总体规划》提出，三峡库区"面源污染的控制和处理……采取综合措施削减单位耕地的农药和化肥使用量""以面源污染防治为重点，采取生态屏障区肥料和农药污染控源、一池三改、测土配方施肥等""远期目标……生态屏障区农药和化肥使用量削减至2008年的70%左右"。因此，农药施用强度和化肥施用强度可以表征农业领域环境规制实施效果，从侧面反映三峡库区环境规制的强度。农药施用强度和化肥施用强度越高，代表环境规制越弱，它属于负向指标。计算农药施用强度和化肥施用强度所需的农用化肥施用量、农药使用量、农作物播种面积等数据来自《重庆统计年鉴（2005—2019）》。

（2）工业能源消费强度。"十一五"规划首次把单位国内生产总值能源消耗强度作为约束性指标，提出2010年单位GDP能耗比2005年降低20%。"十二五"规划在控制能源消费强度的基础上进一步提出"合理控制能源消费总量"。由于工业在我国能源消费中占有重要比重，三峡库区亦不例外，工业能源消费强度可以表征工业领域环境规制实施效果，且工业能源消费强度越高，代表环境规制越弱，它属于负向指标。计算工业能源消费强度的工业增加值来自《重庆统计年鉴（2005—2019）》，这里以2004年为基期，对工业增加值进行平减处理。《重庆统计年鉴》未提供2013年以前年份规模以上工业能源消费总量数据，2013—2018年规模以上工业能源消费总量的数据来自《重庆统计年鉴（2014—2019）》。通过文献资料搜集，获得由重庆市统计局和重庆市经济委员会公布的《重庆市各区县（自治县、市）能源公报指标（2005—2010）》，根据公报提供的当年万元工业增加值能耗算出当年工业能源消费总量，缺失的2004年、2011年、2012年数据则根据趋势外推法相应补充完整。

（3）城镇垃圾处置率。《三峡后续工作总体规划》提出"完善已有处理设施功能、提高处理能力""倡导生活垃圾资源化处置，集中转运、安全处置和渗滤液处理设施齐全""限制排污总量控制在国家确定的考核目标范围内，生态屏障区污染控制未覆盖区新增污水处理和垃圾处理设施完成100%"。因此，污水处理率和垃圾处置率均可作为三峡库区生活领域环境规制实施效果指标，通过对《长江三峡工程生态与环境监测公报（2005—2018）》中数据的整理，该公报提供了三峡库区所在区县城镇垃圾产生量、处置量、散排量数据，据此可算出三峡库区各区县城镇垃圾处置率，目前城镇是生活垃圾排放的主场，垃圾量大危害大，相较于农村垃圾的零散排放，城镇垃圾处置率可作为三峡库区生活环境规制实施效果指标。《长江三峡工程生态与环境监测公报（2005—2018）》中仅提供了城镇污水产生量，没有处置量数据，考虑到垃圾处置率和污水处置率所代表的环境规制含义相同，因此这里采用垃圾处置率指标。

表4.3　三峡库区环境规制强度设计

	指标	指标含义	计算方法
环境规制强度	化肥施用强度（负）	化肥施用量/农作物播种面积	熵值法
	农药施用强度（负）	农药施用量/农作物播种面积	
	工业能源强度（负）	工业能源消费总量/工业增加值	
	城镇垃圾处置率（正）	垃圾处置量/垃圾排放量	

2）研究方法

对于指标选取后的数据拟合，进一步采用熵值法对环境规制强度进行测度。

首先，采用极差标准化的方法对原始数据进行无量纲标准化处理。公式如为

正向指标 $y_{ij} = \dfrac{x_{ij} - \min(x_j)}{\max(x_j) - \min(x_j)}$ （4.1）

负向指标 $y_{ij} = \dfrac{\max(x_j) - x_{ij}}{\max(x_j) - \min(x_j)}$ （4.2）

式中，x_{ij} 为第 i 个区（县）第 j 项指标的原始数据；y_{ij} 为第 i 个区（县）第 j 项指标的标准化处理数据；$\max(x_j)$ 和 $\min(x_j)$ 分别为 22 个区（县）第 j 项指标相对应的原始数据中的最大值和最小值。

其次，计算指标熵值。公式为

$$e_j = -\sum_{i=1}^{m} p_{ij} \ln(p_{ij})$$ （4.3）

式中，e_j 为第 j 项指标的熵值，$0 \leq e_j \leq 1$，$k = 1/\ln m$；$p_{ij} = y_{ij}/\sum_{i=1}^{m} y_{ij}$，$p_{ij}$ 为第 i 个指标值在第 j 项指标下所占的比重。

再次，确定熵值法权重。公式为

$$w_j = (1 - e_j) / \sum_{j=1}^{n} (1 - e_j)$$ （4.4）

式中，w_j 为指标权重；e_j 为已经计算出的指标熵值。

最后，计算得分。公式为

$$s_i = \sum_{j=1}^{n} w_j y_{ij}$$ （4.5）

式中，s_i 为得分；w_j 为已经计算出的指标权重。

4.3.2 环境规制强度的时间演变特征

总体来看，三峡库区环境治理成效逐渐凸显，环境规制强度稳步增强。三峡库区整体环境规制强度由 2004 年的 0.658 0 逐步提高到 2018 年的 0.736 6，但中间阶段曾有小幅降低。2004 年至 2007 年从 0.658 0 降低到 0.553 1，2008 年至 2010 年从 0.742 5 降低到 0.552 7。2011 年以来，除个别年份有小幅下降外，三峡库区整体环境规制强度均在增强。分不同的区域板块看，库尾地区环境规制强度水平低于库区整体平均水平，而库腹地区环境规制水平则高于库区整体水平，仅个别年份例外。与三峡库区整体水平发展波动相似，库尾地区和库腹地区2004—2010年环境规制也经历了两个起伏周期，但2011年后环境规制强度不断提升。从不同的区县看，渝中区环境规制强度最高，从2004年的0.7245提高到2018年的0.9995，其次是巫溪和巫山。与巫溪环境规制强度呈现较稳定上升趋势不同的是，2004—2018年巫山环境规制强度呈现不同程度的反复的下降、上升过程（表4.4）。

表4.4 2004—2018年三峡库区整体及各地区环境规制强度

年份	库区	库尾	库腹
2004	0.6580	0.6339	0.6822
2005	0.6406	0.6304	0.6508
2006	0.6215	0.6311	0.6120
2007	0.5531	0.5772	0.5290
2008	0.7425	0.7071	0.7778
2009	0.7134	0.6719	0.7548
2010	0.5527	0.6110	0.4944
2011	0.7503	0.7216	0.7790
2012	0.7285	0.7815	0.6756
2013	0.7475	0.8067	0.6883
2014	0.7485	0.8204	0.6767
2015	0.7794	0.8764	0.6823
2016	0.8529	0.8814	0.8245
2017	0.8400	0.8477	0.8323
2018	0.7366	0.6707	0.8025

注：根据测算结果整理。

4.3.3 环境规制强度的空间差异特征

将 2004—2018 年 22 个区县的环境规制水平划分为强、较强、中等、较弱、弱等水平，根据环境规制强度的测算结果，同时考虑到各种水平的区县数量大致相同，按照分位数的划分方法，以 1/5、2/5、3/5、4/5 分位数为界限，将环境规制水平划分为 5 个相邻但不相互交叉的完备区间：弱（0~0.400 000]；较弱（0.400 000~0.600 000]；中等（0.600 000~0.740 000]；较强（0.740 000~0.840 000]；强（0.840 000~1]。

通过分析 2004 年、2009 年、2014 年、2018 年不同时间点三峡库区各区县环境规制强度水平，总结环境规制的变化情况（图 4.6）。2004 年三峡库区环境规制强度普遍不高。环境规制最高的是巫山和丰都，均位于库腹地区，环境规制较强的区县有 5 个，分别是万州、奉节、武隆、涪陵、巴南，环境规制最弱的区县是巫溪。2009 年环境规制强度在空间上有明显变化，总体上强度水平在提高。环境规制强度高的区县是巫山、渝北、渝中，其中渝北是由 2004 年的较弱等级提升到强等级；较强的区县增加到 7 个，分别是巫溪、云阳、开州、万州、丰都、武隆、巴南，其中巫溪由 2004 年的弱等级提高到较强等级，提升幅度最大，云阳和开州也分别从 2004 年的中等和较弱等级提升到较强等级。2014 年三峡库区环境规制总体水平较高，均在中等以上，从空间上，区县间环境规制强度相比 2004 年、2009 年有较大变化，库尾地区区县强度普遍高于库腹地区。环境规制最强的是渝中、大渡口、江北、沙坪坝，较强的是北碚、渝北、南岸、大渡口、巴南、九龙坡。2019 年三峡库区环境规制水平尽管空间上呈现较大差异，但环境规制在较强等级上的区县数量较以前年份有明显提升。环境规制最强的区县有 7 个，历年最多，分别是巫山、巫溪、丰都、武隆、渝北、渝中和巴南，较强等级区县有 6 个，分别是开州、云阳、奉节、万州、忠县、长寿，中等级区县有 5 个，分别是石柱、涪陵、沙坪坝、江津、江北。环境规制较弱和弱等级的区县有 4 个，占区县总数的 18%。从 2004—2018 年三峡库区环境规制强度空间变化情况看，区县环境规制强度均有明显提升，库腹地区环境规制强度较库尾地区增长幅度明显，与国家和地方对沿长江水污染治理、生态建设相关政策相印证，说明环境规制强度能够反映国家和地方层面环境治理的政策。

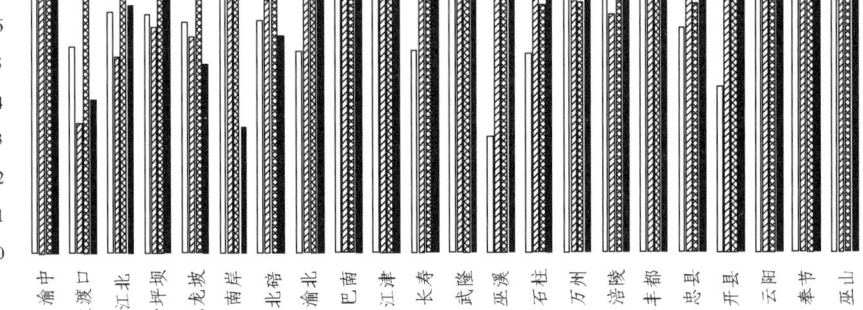

□ 2004　▨ 2009　▨ 2014　■ 2018

图 4.6　三峡库区环境规制强度空间变化

4.4　三峡库区绿色发展效率时空演变特征

4.4.1　数据来源与研究方法

1）指标设计与数据来源

根据 1.2.2 节、2.1.2 节中的分析，本节采用目前绝大多数学者所采用的绿色发展衡量指标，即绿色发展效率，作为宏观层面刻画区域绿色发展的指标。同时考虑数据的可得性，建立计算三峡库区绿色发展效率的相关指标如下：

（1）投入指标。它分为资本投入要素和劳动力投入要素。资本投入变量选择，借鉴卢丽文等（2016）、张治栋等（2018）用固定资产代替资本存量的方法[177-178]，采用以 2004 年为基期的全社会固定资产实际投资总额作为资本投入。劳动力投入变量用全社会从业人员来表示，包括城镇非私营单位在岗职工和乡村从业人员。

（2）期望产出。选取三峡库区区县以 2004 年为基期计算出的实际地区生产总值来衡量。

（3）非期望产出。选取工业废水排放量、工业化学需氧量、工业氨氮排放量来衡量。

本节所使用的全社会固定资产投入、城镇非私营单位在岗职工、乡村从业人员、地区生产总值等数据,来源于《重庆统计年鉴(2005—2019)》,其中城镇非私营单位在岗职工 2006—2008 年为城镇经济单位职工人数,2004—2005 年为职工人数。工业废水排放量、工业化学需氧量、工业氨氮排放量数据来自《长江三峡工程生态与环境监测公报(2005—2018)》,公报中公布了重庆库区、重庆主城区、长寿区、涪陵区、万州区等地的工业废水相关指标,考虑到工业废水排放与工业增加值之间存在正相关关系,本节利用工业增加值对未公布区县的数据进行拆分测算,对于个别年份数据的缺失,则采用插值法补齐。梳理整理后的数据并进行统计性描述,如表 4.5 所示。

表 4.5 2004—2018 年投入产出指标的统计性描述

	指标	单位	个数	均值	中位数	标准差	最大值	最小值
投入	资本投入	万元	330	2065339	1532535	1772 208	10500000	60004
	劳动力投入	万人	330	42.129	38.531	21.731	93.553	5.72
期望产出	地区生产总值	万元	330	2627515	1618601	2426 018	12200000	127644
非期望产出	工业废水排放量	万吨	330	1393.823	605.5378	1645.589	8531.605	6.228
	工业化学需氧量	吨	330	2194.464	721.852	2878.929	13445.87	4.111
	工业氨氮排放量	吨	330	156.884	53.825	259.157	1753.552	0.408

2)研究方法

关于绿色发展效率的计算,本节选择数据包络分析法(DEA)来测度。数据包络分析法用来评价一系列具有相同多投入产出的决策单元(DMU)的相对效率,数据包络分析将决策单元内部比作黑箱,每个决策单元的效率得分被定义为产出加权和投入加权和的比值。只需要确定决策单元的投入产出之间存在某种联系,由数学规划与计量分析产生最优权重,能满足各决策单元效率最大化原则,无须知道决策单元内部的真实运作函数,可以降低影响测量结果的主观因素,提升测量结果的科学性与准确性。鉴于此,本节选择数据包络分析方法作为评价与分析研究绿色发展效率的工具。

鉴于本研究涵盖三峡库区 22 个区县，这些研究单元的绿色发展效率可能会同时处于最优状态，无法有效细化它们之间投入产出相对效率的区分度量，与传统"径向"和"角度"的数据包络模型（DEA）相比，SBM 模型能够有效解决投入要素的"拥挤"或"松弛"现象，但 SBM 模型与传统 DEA 模型一样，对于效率都为 1 的 DMU，难以进一步区分有效 DMU 之间的效率差异。Tone（2002）在 SBM 模型的基础上，进一步定义了超效率 SBM 模型，其结合了超效率 DEA 模型和 SBM 模型的优势能够有效对处于前沿面的 DMU 进一步对比评价[179]。模型构建为

$$\min \rho = \frac{\dfrac{1}{m}\sum_{i=1}^{m}\left(\dfrac{\overline{x}}{x_{ik}}\right)}{\dfrac{1}{r_1+r_2}\left(\sum_{s=1}^{r_1}\dfrac{\overline{y^d}}{y^d_{sk}}+\sum_{q=1}^{r_2}\overline{y^u}/y^u_{qk}\right)} \quad (4.6)$$

$$\text{s.t.} \begin{cases} \overline{x} \geqslant \sum_{j=1,\neq k}^{n} x_{ij}\lambda_j;\ \overline{y^d} \leqslant \sum_{j=1,\neq k}^{n} y^d_{sj}\lambda_j;\ \overline{y^d} \geqslant \sum_{j=1,\neq k}^{n} y^d_{qj}\lambda_j;\ \overline{x} \geqslant x_k;\ \overline{y^d} \leqslant y^d_k;\ \overline{y^u} \geqslant y^u_k \\ \lambda_i \geqslant 0,\ i=1,2,\cdots,m;\ j=1,2,\cdots,n,\ j\neq 0 \\ s=1,2,\cdots r_1;\ q=1,2,\cdots,r_2 \end{cases}$$

$$(4.7)$$

式中，假设有 n 个 DMU，每个 DMU 由投入 m、期望产出 r_1 和非期望产出 r_2 构成；x，y^d，y^u 为相应的投入矩阵、期望产出矩阵和非期望产出矩阵中的元素；ρ 为绿色发展效率值。

4.4.2 绿色发展效率的时间演变特征

运用 MATLAB 2016 软件，分析 2004—2018 年三峡库区 22 个区县的面板数据，测算出各区县绿色发展效率值。

从时间维度看，三峡库区整体绿色发展效率呈现持续上升趋势，库尾地区绿色发展效率明显高于同时期的库腹地区。从 2011 年开始，库尾地区绿色发展效率与库腹地区绿色发展效率有逐步拉大的趋势。2004—2010

年，库腹地区绿色发展效率与库尾地区相差 0.008 7～0.024 7；2011—2018 年，这一差距扩大为 0.039 1～0.218 5（表 4.6）。

表 4.6　2004—2018 年三峡库区整体及各区域绿色发展效率水平

年份	库区	库尾	库腹
2004	0.0746	0.0864	0.0628
2005	0.0800	0.0921	0.0680
2006	0.0897	0.1008	0.0786
2007	0.1026	0.1124	0.0928
2008	0.1203	0.1268	0.1138
2009	0.1488	0.1612	0.1365
2010	0.1866	0.1910	0.1823
2011	0.2185	0.2381	0.1990
2012	0.2443	0.2677	0.2208
2013	0.2806	0.3112	0.2500
2014	0.3205	0.3597	0.2814
2015	0.3643	0.4142	0.3145
2016	0.4665	0.5750	0.3580
2017	0.5603	0.6695	0.4510
2018	0.8477	0.9045	0.7909

注：根据测算结果整理。

三峡库区各区县 2004—2018 年绿色发展效率的均值对比情况，排名最高的是渝中区，均值为 0.49，排名最低的是开州，均值为 0.159。各区县的均值分布呈现出不均衡，位于库尾地区的绿色发展效率普遍高于库腹地区，但是也有部分区县例外。例如库腹地区的巫溪、涪陵、巫山的绿色发展效率排名较高，这得益于当地较好的自然环境以及重化工占比低造成的污染较小；而南岸、江津、长寿的绿色发展效率排名靠后，究其原因，这三个区县尽管经济发展水平较为靠前，但产业结构中二产占比较高,且重化工产业有相当比例,因此,对绿色发展效率的提升影响较大(图 4.7)。

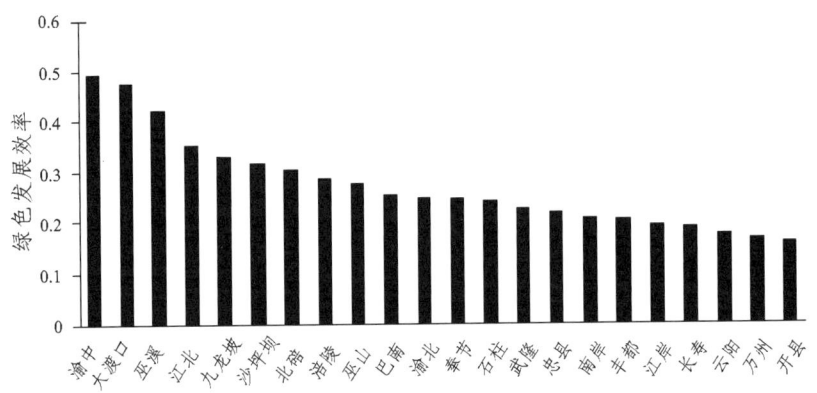

图 4.7 2004—2018 年三峡库区各区县绿色发展效率均值对比

4.4.3 绿色发展效率的空间差异特征

将 2004—2018 年三峡库区 22 个区县的绿色发展效率划分为高、较高、中等、较低、低等水平,根据绿色发展效率的测算结果,考虑到各种水平的区县数量大致相同,按照分位数的划分方法,以 1/5、2/5、3/5、4/5 分位数为界限,将环境规制水平划分为 5 个相邻但不相互交叉的完备区间:低(0~0.100 000];较低(0.100 000~0.200 000];中等(0.200 000~0.400 000];较高(0.400 000~1.00 000];高(>1.00 000)。

通过分析 2004 年、2009 年、2014 年、2018 年不同时间点三峡库区各区县绿色发展效率水平,总结绿色发展的变化情况(图 4.8)。从 2004—2018 年的总体情况看,三峡库区绿色发展效率水平不断提高,总趋势向好。2004 年三峡库区大多数区县存在投入冗余或产出不足,导致城市绿色效率值均在最低水平,只有渝中、大渡口两个区县绿色发展效率较低。2009 年各个区县绿色发展效率明显提高,只有 5 个区县还处于低水平,渝中、大渡口两个区县的绿色发展效率由较低提高到中等,其余区县由低水平提高到较低水平。2014 年,除开州外,所有区县绿色发展效率均达到中等以上水平,渝中、大渡口、沙坪坝达到较高水平。2018 年有 11 个区县绿色发展效率超过1，实现超效率，所有区县绿色发展效率均在中等水平以上。

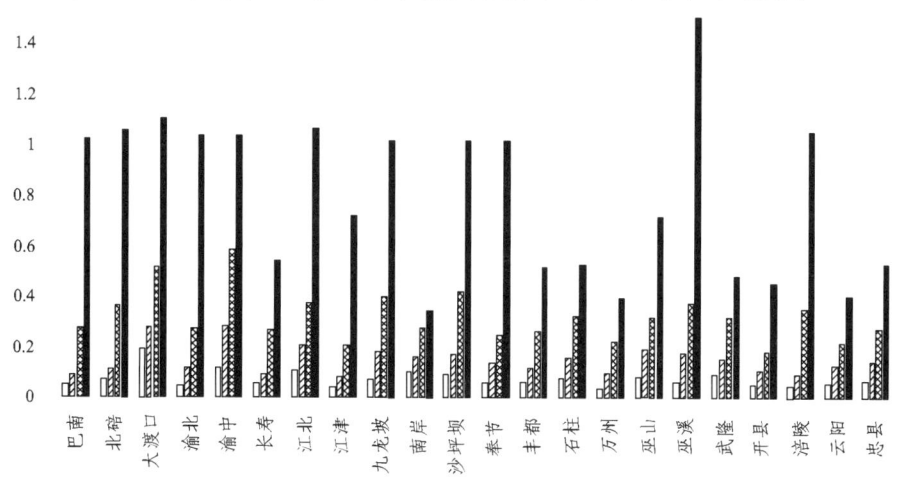

图 4.8 三峡库区绿色发展效率空间变化

结合 4.3 节中环境规制时空演变的情况，总体上随着环境规制的增强，各地区的绿色发展效率在逐渐提高，但是从 2009—2014 年的情况看，部分地区环境规制的减弱并没有相应影响绿色发展效率的提高。尽管这里可能存在特定年份数据变化的原因，但同时说明存在环境规制与绿色发展效率之间非线性关系的可能，这与 3.2 节中的研究假设相一致。具体分析三峡库区环境规制与绿色发展效率之间的关系，还需要通过下面章节的实证做进一步分析。

4.5 本章小结

本章界定了研究范围，鉴于数据的统一性，主要以三峡库区为主要研究区域，并对这一区域当前发展现状从经济社会环境等角度进行了面上分析，在此基础上，从国家和区域层面对三峡库区近年来的环境规制体系进行了系统梳理。运用 Arcgis、超效率 SBM 模型等工具对三峡库区环境规制和绿色发展效率的变迁进行了刻画，得出变化规律：

（1）三峡库区环境治理成效逐渐凸显，环境规制强度稳步增强。三峡库区整体环境规制强度由 2004 年的 0.658 0 逐步提高到 2018 年的 0.736 6，但中间阶段曾有小幅降低。从 2004—2018 年三峡库区环境规制强度空间变化情况看，区县环境规制强度均有明显提升。

（2）从时间维度看，三峡库区整体绿色发展效率呈持续上升趋势，库尾地区明显高于同时期的库腹地区，且从 2011 年开始，差距有逐步拉大的趋势。2004—2010 年，库腹地区绿色发展效率与库尾地区相差 0.008 7 ~ 0.024 7；2011—2018 年，这一差距扩大为 0.039 1 ~ 0.218 5。从空间上看，2018 年有 11 个区县绿色发展效率超过 1，实现超效率，所有区县绿色发展效率均在中等水平以上。

5 正式环境规制对三峡库区绿色发展影响实证研究

本章旨在检验 3.2.1 节和 3.2.2 节中提出的研究假设，通过实证分析，考察正式环境规制对三峡库区绿色发展效率的影响。一是结合 4.4 节和 4.3 节的分析结论，进一步深入分析环境规制与绿色发展效率是否存在非线性关系；二是回答环境规制影响绿色发展效率是否存在空间溢出效应，是正向或者负向溢出效应。

5.1 研究设计

5.1.1 数据来源

本节主要采用 2004—2018 年三峡库区各区县的数据进行分析。原始数据主要来自《重庆统计年鉴（2005—2019）》《重庆市各区县（自治县、市）能源公报指标（2005—2010）》《长江三峡工程生态与环境监测公报（2005—2018）》《重庆市生态环境状况公报（2005—2019）》。少量缺失数据采用插值法以及外推法补齐。为避免异方差以及极值存在对模型估计的影响，对所有变量进行对数化处理①。

5.1.2 变量选择

被解释变量"绿色发展效率"和解释变量"环境规制"已经分别在 4.4 节和 4.3 节中进行计算。这里主要涉及的是控制变量。借鉴相关实证研究的结果，考虑到数据可得性，主要选取以下变量（表 5.1）。

---

① 考虑到变量是比率的情况下取对数会出现负数的情况，这类变量在取对数前先乘以 100，下同。

1）经济发展水平（pgdp）

经济发展初期，发展方式较为粗放，经济增长往往以牺牲环境为代价，当经济发展到一定水平后，人们对优质生态环境的需求提高，在经济发展的要求对环境建设已有较高的要求，有助于绿色发展效率的提高[180]。同理，经济发展水平高的地区有更多的资金投入到生态环境建设，随着经济的发展，环境质量也会得到一定的改善[181]。本章参考刘殿国和郭静如（2016）、张帆（2017）等学者研究成果，用人均GDP来反映经济发展水平。

2）基础设施水平（inf）

以交通为主的基础设施改善能够提高地区对外联系，加快要素流动，对推动地区经济的发展具有重要作用[182]。本章参考丁宇和李贵才（2010）等学者研究成果，用人均公路里程来反映基础设施水平①。

3）贸易开放度（open）

加强对外开放有利于建立与国内外先进地区的联系，加速技术、人才等要素的流动，同时也可能使先进地区淘汰的落后产业进入从而带来污染。加强进出口贸易有利于缩小与先进绿色生产技术的差距，实现技术、信息、资金的均衡化，改善绿色发展效率[183]，进口会对绿色发展效率产生正向的技术溢出作用，而大规模出口低科技含量产品会因为过度消耗能源与环境容量而造成巨大的环境压力[184-187]。本章参考迟远英和张宇（2016）、白福臣等（2016）、许罗丹和张媛（2018）的研究成果，用进出口总额占地区生产总值比重来反映贸易开放度。

4）市场化程度（mar）

市场在资源配置中的作用可以促使要素资源得到充分利用，市场化程度越高，要素流动越充分，对资源的利用越有效，从而能够激发社会发展潜力，促进绿色发展效率的提高[186-187]。本章参考李勇刚和王猛

---

① 渝中区没有公路里程，这里用城市道路里程替代，根据《城市道路工程设计规范》（CJJ37—2012），城市道路等级分快速路、主干路、次干路、支路四级。渝中区相关城市道路资料来自重庆市交通院。

(2015)、张治栋等(2018)的研究成果,用"1－财政支出/GDP"来反映市场化程度。

5)技术投入(tech)

技术创新是经济持续增长的内在动力,技术创新可以带来"效率红利",加大对技术的投入可以调动社会各界参与技术创新,从而推动绿色发展[187-189],也有学者发现技术创新经费投入对绿色发展效率起到负向作用[190]。本章参考张森宇(2017)、陈林心等(2016)、罗能生和郝腾(2018)的研究成果,用教育支出占一般预算财政支出比重来反映技术投入①。

表 5.1 变量说明

变量	指标	简称	备注
被解释变量	绿色发展效率	gde	见 4.4 节
解释变量	环境规制	er	见 4.3 节
控制变量	经济发展水平	pgdp	人均 GDP
	基础设施水平	inf	人均公路里程
	贸易开放度	open	进出口总额/GDP
	市场化程度	mar	1－财政支出/GDP
	技术投入	tech	教育支出/一般预算财政支出

通过对各变量的梳理计算后,在取对数的基础上进行统计性描述(表5.2)。

---

① 库区区县的 R&D 数据在重庆统计年鉴、城市统计年鉴、县域统计年鉴上没有公开,《重庆科技统计年鉴》(未公开出版)仅编辑印刷了 2012—2019 年,2012 年之前为《重庆科技发展年报》,该年报中未公布区县 R&D 数据。经向专业统计人员咨询,了解到 2012 年前后统计体系进行了调整,导致各区县科技统计数据变化较大,不宜进行计量分析。考虑到 2004—2011 年的 R&D 数据缺口较大,用相关方法进行推算不妥,因此本章参考部分学者成果,用教育支出替代 R&D 作计量分析,该教育支出数据主要来源于《重庆统计年鉴(2005—2019)》。

表 5.2 变量统计性描述

	变量	样本数	均值	中位数	标准差	最大值	最小值
被解释变量	ln gde	330	2.9809	3.0174	0.8027	5.5666	1.3343
解释变量	ln er	330	4.2405	4.2679	0.2265	4.6046	3.3387
	$(\ln er)^2$	330	18.0336	18.2158	1.8645	21.2030	11.1470
控制变量	ln pgdp	330	10.0136	10.0927	0.8192	11.8809	7.9592
	ln inf	330	3.2286	3.4896	1.1540	5.2212	0.2125
	ln open	330	2.2010	2.2606	1.3439	5.5140	0.0184
	ln mar	330	4.3944	4.4487	0.1483	4.5614	3.7588
	ln tech	330	2.8280	2.8638	0.2477	3.4714	1.9964

5.1.3 相关性分析

1）空间权重矩阵

对变量进行空间相关性分析应确定矩阵。目前关于空间权重矩阵的设计有多种，但主要是基于邻接权重矩阵、地理距离权重矩阵、经济距离权重矩阵发展演变而来。三种矩阵的计算公式如下：

邻接权重矩阵 w_{ij}^q 的计算公式为

$$w_{ij}^q = \begin{cases} 0, & i, j \text{ 两省不存在共同边界} \\ 1, & i, j \text{ 两省存在共同边界} \end{cases} \quad (5.1)$$

式中，若 i 地区与 j 地区存在共同边界，将 w_{ij}^q 赋值为 1，否则赋值为 0。

地理距离权重矩阵 w_{ij}^g 是基于 i 区域和 j 区域距离倒数的权重矩阵。其计算公式为

$$w_{ij}^q = \frac{1}{D_{ij}} \quad (5.2)$$

式中，D_{ij} 表示 i, j 两地区的通车最短交通距离。

经济距离权重矩阵 w_{ij}^e 是基于 GDP 来计算的权重矩阵。其计算公式为

$$w_{ij}^e = 1 - |x_i - x_j|/(x_i + x_j) \tag{5.3}$$

式中，x_i 和 x_j 分别表示区域 i 和区域 j 在研究期间内的 GDP 平均值，两区域 GDP 差异越大，w_{ij}^e 取值越小。

通常情况下邻接权重矩阵的运用较为普遍，但是该空间权重存在对实际情况模拟不足的缺点，对地区间的空间作用关系把握不充分，需要考虑其他地理因素构建的空间权重矩阵，如行政中心地理距离倒数矩阵。考虑到空间的地理属性更为突出，本章没有采用经济因素构建权重矩阵。因此，本章将基于地理距离权重矩阵和邻接权重矩阵，充分考虑空间关联性和空间异质性，深入探讨三峡库区环境规制对绿色发展的空间效应。

2）墨兰指数

使用空间计量模型前，需要检验被解释变量的空间相关性。这里主要通过墨兰指数分析变量的空间相关性。空间自相关性可以理解为位置相近的区域具有相似的变量取值。如果高值与高值聚集在一起，低值与低值聚集在一起，则为"正空间相关"；反之，如果高值与低值相邻，则为"负空间自相关"。如果高值与低值完全随机分布，则不存在空间自相关。墨兰指数（I）的取值一般介于 -1~1 之间，大于 0 表示正相关，小于 0 为负相关，如果墨兰指数接近于 0，则表明空间分布是随机的，不存在空间相关。墨兰指数的公式如下：

$$I = \frac{\sum_{i=1}^{n}\sum_{j=1}^{n} w_{ij}(x_i - \bar{x})(x_j - \bar{x})}{s^2 \sum_{i=1}^{n}\sum_{j=1}^{n} w_{ij}} \tag{5.4}$$

式中，$S^2 = \dfrac{\sum_{i=1}^{n}(x_i - \bar{x})^2}{n}$ 为样本方差；w_{ij} 为空间权重矩阵的 (i, j) 元素（用来度量区域 i 与区域 j 之间的距离）；$\sum_{i=1}^{n}\sum_{j=1}^{n} w_{ij}$ 为所有空间权重之和。参考

Elhorst（2014）研究成果[191]，以普通面板线性回归模型为基准，通过墨兰指数检验判断是否存在空间效应，若存在空间效应，则进一步根据空间效应类型选择适宜的面板空间模型。表 5.3 是根据地理距离权重矩阵计算的绿色发展效率（gde）的墨兰指数。从结果看，被解释变量"绿色发展效率"在绝大部分年份中的墨兰指数均显著，具有较强的空间相关性，可以用空间计量模型进行分析。

表 5.3　绿色发展效率的空间自相关性（地理距离权重矩阵）

年份	Moran's I	z	年份	Moran's I	z	年份	Moran's I	z
2004	0.074**	2.261	2009	0.067**	2.070	2014	0.176***	4.079
2005	0.091***	2.540	2010	0.031*	1.410	2015	0.207***	4.656
2006	0.076**	2.258	2011	0.084***	2.442	2016	0.182***	4.194
2007	0.057**	1.915	2012	0.097***	2.686	2017	0.203***	4.508
2008	0.026*	1.353	2013	0.132***	3.351	2018	0.057***	1.928

5.1.4　模型设定

为了验证环境规制与绿色发展效率之间是否存在非线性关系，将环境规制的平方项纳入模型中，建立基准面板回归模型 OLS，同时环境规制对绿色发展效率的影响可能存在空间溢出效应，因此采用空间计量模型作为探索环境规制对三峡库区绿色发展效率影响的分析工具。但是环境规制在三峡库区范围内是否存在空间效应，不能直接使用空间面板模型，还需作进一步检验，构建三峡库区绿色发展效率空间驱动机制的分析模型，并进一步分解环境规制的直接效应、间接效应、总效应。空间计量模型包括三种形式：空间自回归模型（SAR）、空间误差模型（SEM）和空间杜宾模型（SDM）。如果对 SDM 模型的假设条件加上特定约束，SDM 模型可以退化为 SAR 或者 SEM 模型。本章采用 Stata 15.0 计量软件。

（1）传统面板回归模型 OLS（不存在空间交互效应）：

$$\ln \text{gde}_{it} = \alpha_0 + \beta_1 \ln \text{er}_{it} + \beta_2(\ln \text{er}_{it})^2 + \beta_n \ln X_{it} + \mu_i + \gamma_t + \varepsilon_{it} \tag{5.5}$$

（2）面板空间自回归模型 SAR（只存在内生交互效应）：

$$\ln \text{gde}_{it} = \alpha_0 + \rho \sum_{j=1}^{22} w_{ij} \ln \text{gde}_{jt} + \beta_1 \ln \text{er}_{it} + \beta_2 (\ln \text{er}_{it})^2 + \beta_n \ln X_{it} + \mu_i + \gamma_t + \varepsilon_{it} \tag{5.6}$$

（3）面板空间误差模型 SEM（只存在误差项空间交互效应）：

$$\ln \text{gde}_{it} = \alpha_0 + \beta_1 \ln \text{er}_{it} + \beta_2 (\ln \text{er}_{it})^2 + \beta_n \ln X_{it} + \mu_i + \gamma_t + \varepsilon_{it} \tag{5.7}$$

其中，$\varepsilon_{it} = \lambda \sum_{j=1}^{22} \omega_{ij} \varepsilon_{jt} + \mu_{it}$。

（4）面板空间杜宾模型 SDM（同时存在内生空间交互效应、误差项空间交互效应）：

$$\ln \text{gde}_{it} = \alpha_0 + \rho \sum_{j=1}^{22} w_{ij} \ln \text{gde}_{jt} + \beta_1 \ln \text{er}_{it} + \beta_2 (\ln \text{er}_{it})^2 + \beta_n \ln X_{it} + \\ \sum_{j=1}^{22} w_{ij} \ln \text{er}_{it} \times \theta_1 + \sum_{j=1}^{22} w_{ij} \ln \text{er}_{it} \times \theta_2 + \sum_{j=1}^{22} w_{ij} \ln X_{it} \times \theta_n + \mu_i + \gamma_t + \varepsilon_{it} \tag{5.8}$$

式中，i 代表地区；t 代表时期；被解释变量 $\ln \text{gde}_{it}$ 为绿色发展效率；解释变量 $\ln \text{er}_{it}$ 为环境规制；$\ln X_{it}$ 为一组控制变量，包括经济发展水平 pgdp_{it}、产业结构 str_{it}、基础设施水平 inf_{it}、贸易开放度 open_{it}、市场化程度 mar_{it}、技术投入 tech_{it}；α_0 为常数；ρ 为空间自回归系数；$\beta_1,\cdots,\beta_n$ 为解释变量回归系数；$\theta_1,\cdots,\theta_n$ 为解释变量空间之后项回归系数；μ_i 为地区固定效应；γ_t 为时间固定效应；ε_{it} 为随机扰动项。

关于模型选取的具体原则有三方面：一是确立基准对比的传统面板模型，对混合面板模型、时间固定效应、空间固定效应、时间空间双固定效应等传统面板模型进行时间、空间固定效应的联合非显著性 LR 检验。如果时间、空间固定效应联合非显著性 LR 检验均未通过，以混合面板模型为基准传统面板模型；如果空间固定效应联合非显著性 LR 检验未通过，则以时间固定效应面板模型为基准传统面板模型；如果时间固定效应联合非显著性 LR 检验未通过而空间固定效应联合非显著性 LR 检验通过，则以空间固定效应面板模型为基准传统面板模型；如果时间、空间联合非显著性 LR 检验均通过，则以时间空间双固定效应面板模型为基准传统面板模型。二是明确空间效应类型，对基准传统面板模型进行内生空间交互效应与误差项空间交互效应存在性的 LM 检验、稳健的 LM 检验，如果两种检验从正、反方向均指向同一空间交互效应，则选择对应的面板 SAR 或 SEM 模型，否则应选用面板 SDM 模型。三是对空间随机效应面板与空间固定效应面板进行 Hausman 检验，以显著性水平 0.05 为临界值。若 Hausman 检验未通过，采用时间固定空间随机的面板为基准面板；若 Hausman 检验通过，则采用时间空间双固定为基准面板。总体而言，只有当两类检验均表明存在单一的内生交互效应、误差项交互效应或不存在空间效应，方可采用 SAR 模型、SEM 模型或传统面板模型。

5.2 实证结果

5.2.1 OLS 估计结果

估计面板数据的一个极端策略是将其看成截面数据进行混合回归，即要求样本中每个个体都拥有完全相同的回归方程，这种方法忽略了个体间不可观测或被遗漏的异质性，而该异质性可能与解释变量相关从而导致估计不一致。另一极端策略则是，为每个个体估计一个单独的回归方程，忽略了个体间的共性，也可能没有足够大的样本容量。因此，在实践中常采用折中的估计策略，即假定个体的回归方程拥有相同的斜率，但可以有不同的截距项，以此来捕捉异质性。这种模型被称为"个体效应模型"。个体效应以固定效应和随机效应形态存在。

是否使用混合回归？通过 F 检验可知，F 值为 15.69，P 值为 0.0000，故强烈拒绝原假设，认为 FE 回归明显优于混合回归，允许每个个体拥有自己的截距项。但是，由于没有使用聚类稳健标准误，仅进行 F 检验还不够，还需要进一步通过 LSDV 法来考察。表 5.4 的结果反映，大多个体虚拟变量呈现低于1%的显著性水平,拒绝"所有个体虚拟变量都为0"的原假设,存在个体效应,不使用混合回归;基本确认个体效应后,个体效应可能以随机效应的形式存在。通过随机效应 FGLS 后的 LM 检验可知,LM为 106.08,P 值为 0.000 0,强烈拒绝"不存在个体随机效应"原假设,在随机效应和混合效应二者之间,应该选择随机效应。

表 5.4 LSDV 检验结果

region	系数	region	系数	region	系数
2	1.1715***	9	2.0575***	16	0.0626*
3	−0.4228***	10	2.5442***	17	−0.1703
4	1.5620***	11	−0.1199*	18	−0.1278
5	0.1311*	12	0.8347***	19	−0.7046***
6	−0.3660***	13	1.1699***	20	−0.5397***
7	0.3839**	14	1.1169***	21	1.3623***
8	1.3684***	15	−0.2354	22	−0.0659

注:region 是区域虚拟变量;*、**、***分别表示 10%、5%、1%的显著性水平。

采用随机效应模型还是固定效应模型?豪斯曼检验结果显示,豪斯曼检验值为 86.07,且 P 值为 0.000 0,故强烈拒绝原假设,应该使用固定效应模型而非随机效应模型。在个体固定效应模型的基础上,考虑时间固定,定义年度为虚拟变量,结果显示年度虚拟变量绝大多数在 1%以下显著性水平,通过对年度虚拟变量的联合显著性检验,得出强烈拒绝无时间效应的原假设,模型包含时间固定效应,因此,应选用时间个体双向固定效应模型分析。通过对拟合优度 R^2 的比较,个体固定效应模型、时间固定效应模型、双向固定效应模型的拟合优度分别为 0.876 1、0.885 7、0.950 1,双向固定效应模型的拟合优度较好。

表 5.5　环境规制对三峡库区绿色发展效率影响的 OLS 回归

变量	随机效应模型	z	个体固定效应模型	t	时间固定效应模型	t	双向固定效应模型	t
ln er	-6.1675***	(-2.84)	-0.1742	(-0.09)	-1.3478	(-0.75)	4.6592*	(1.79)
(ln er)²	0.7978***	(3.01)	0.0598	(0.24)	0.1713	(0.82)	-0.5534*	(-1.75)
ln pgdp	0.9505***	(16.94)	1.2824***	(27.77)	0.0143	(0.18)	0.0326	(0.33)
ln inf	0.0685	(1.06)	-0.1104**	(-2.18)	-0.2255***	(-8.42)	0.1057	(0.81)
ln open	0.0265	(0.74)	0.0236	(1.08)	0.0510***	(3.01)	0.0435	(1.48)
ln mar	-1.2138***	(-3.34)	0.8640***	(2.58)	-1.3638***	(-5.76)	1.3649**	(2.38)
ln tech	0.3594**	(2.18)	0.1692*	(1.77)	-0.0900	(-0.86)	-0.2130*	(-1.97)
R^2	0.8467		0.8761		0.8857		0.9501	
Sigma_u	0.1925		0.9112				0.3904	
Sigma_e	0.2734		0.2734				0.1777	
rho	0.3314		0.9174				0.8284	

注：括号内为 $z(t)$ 值；*、**、***分别表示 10%、5%、1%的显著性水平（下同）。

从双向固定效应模型的结果（表 5.5）看，环境规制的一次项系数为 4.659 2，显著性水平为 10%；环境规制的二次项系数为 -0.553 4，显著水平为 10%，表明环境规制与绿色发展效率之间存在倒 U 形曲线关系，验证假设 H_1。即环境规制对绿色发展效率的作用存在一个阈值，当三峡库区的环境规制强度小于阈值时，增强环境规制有利于提升绿色发展效率，环境规制的"创新补偿"效应提出，体现了"波特假说"；当环境规制强度大于阈值时，环境规制对绿色发展效率的抑制作用占据主导，"创新补偿"效应带来的收益不能有效弥补"遵循成本"效应所产生的成本。这说明当环境规制的强度在一定范围内时，三峡库区通过生态调整和污染治理，其环境规制对绿色发展的正向激励作用占主导。环境规制优化了库区的环境，有效加强了绿色技术创新，培育了良好有序的社会发展环境，激发了企业的生产能力，增加了企业更多高质量的产出，提升了经济社会整体效益，能够弥补环境规制带来的企业关闭和治理环境污染成本的上升，从而增强三峡库区绿色发展的内生性。但是随着环境规制的加强，库区产业结构面临升级转型压力，部分污染较为严重的企业面临关停并转，同时新的产业难以接续，经济发展受到较大影响，因此绿色发展的持续性不足。但是从系数的绝对值看，环境规制对绿色发展的正向作用的绝对值较大，负向作用的绝对值较小，也说明这种绿色发展持续性不足的问题可能是短暂的，影响较小。从本研究的时间段看，环境规制对绿色发展效率的影响并不是单纯的线性关系，这种非线性也说明环境规制效果的显现是一个长期的过程，且这一过程还存在反复，这与目前学术界中"遵循成本"和"创新补偿"之间反复争论也不谋而合。总体看，在本研究所关注的这一时间段中，环境规制对三峡库区绿色发展的总体影响是突出的，这可以从党和国家对三峡库区发展出台的系列政策文件中看出，例如 2009 年国务院出台了《关于推进重庆统筹城乡改革和发展的若干意见》(国发〔2009〕3 号)，要求重庆实施资源环境保障策略，树立生态立市和环境优先的理念，建设长江上游生态文明示范区。2012 年三峡库区甩掉"酸雨控制区"和"二氧化硫污染控制区"两顶帽子。2013—2017 年，三峡库区启动实施环境保护"五大行动"，展开工业废气废水、城市废气废水扬尘、湖库污染、噪声污染、土壤污染等全方位的治理活动。这些治理活动在抑制环境污染扩大的同时，对地区经济的发展也起到了促进作用，从而有利于提升绿色发展效率。

从控制变量的情况看，市场化程度和技术投入对绿色发展的影响在 10% 和 5% 的显著性水平。市场开放度是正向影响，对三峡库区绿色发展具有积极的推进作用，对比这一积极作用的大小，在控制变量中市场开放度的系数为 1.364 9，对绿色发展效率的影响比较突出。技术投入是控制变量中唯一对绿色发展效率有负向影响的变量。究其原因，技术投入是一个长期过程，从技术投入到技术创新从而最终实现经济效益，需要漫长的转化过程，短期或者投入数量的不足，都有可能导致创新的流产。因此为了实现技术创新，加快三峡库区绿色发展的内生性，库区各地方政府对技术投入一直在加大，甚至可能挤占其他方面的相关投入，从而在短期内将对库区的发展产生相对负面的影响。其他控制变量如人均 GDP、基础设施、对外开放等对绿色发展效率的影响均为正向影响，但显著性均不高，说明这些控制变量对绿色发展效率的影响尚未显现。

5.2.2 空间计量结果

究竟是选择固定效应的空间模型还是随机效应的空间模型,需采用豪斯曼检验或极大似然函数值、赤池系数、贝叶斯系数来判断。如表 5.6 所示,豪斯曼检验的 chit2(7)=13.23 且 $P=0.000\ 0$,在 1% 的显著性水平拒绝了原假设,应该采用固定效应模型。另外,通过比较随机效应和固定效应模型的似然值、AIC 与 BIC 得出,固定效应模型的似然值更大,且 AIC 和 BIC 值较小,也应该选择固定效应模型。

表 5.6 固定效应和随机效应模型选择

模型类别	似然值	AIC	BIC	豪斯曼检验	
re	30.814 5	-37.629 0	7.960 1	检验值	13.23
fe	125.372 4	-230.744 8	-192.753 9	P 值	0.000 0
结果	固定效应			固定效应	

常见的空间计量模型有空间滞后模型(SAR)、空间误差模型(SEM)、空间杜宾模型(SDM)及其拓展形式广义空间自回归模型(SAC)。SAR 模型主要考虑因变量的空间相关性,SEM 模型侧重考察随机扰动的空间影响,二者是 SDM 模型的特殊形式,在整合 SAR 和 SEM 模型的基础上又发展了 SAC 模型。检验固定效应的空间杜宾模型是否退化成空间滞后模型或空间误差模型。LR 检验比较结果均不显著,因此放弃 SDM 模型。进一步采用 LM 检验在 SAR 模型和 SEM 模型中进行选择。LM 检验结果显示,LM-lag 和 LM-error 分别为 147.502 6($P=0.000\ 0$)和 41.013 3($P=0.000\ 0$),Robust-LM-lag 和 Robust-LM-error 分别为 106.950 5($P=0.000\ 0$)和 0.461 2($P=0.497$),因此应选择空间滞后模型(SAR)进行回归。为便于对比,本章同时报告空间误差模型(SEM)和空间杜宾模型(SDM)的回归结果。

固定效应的 SAR 模型有三种模型,分别为空间时间双向固定效应、空间固定效应、时间固定效应,估计结果如表 5.7 所示。

5 正式环境规制对三峡库区绿色发展影响实证研究

表 5.7 环境规制对三峡库区绿色发展效率影响的空间计量回归（地理距离权重矩阵）

变量	SAR 双向固定		SAR 时间固定		SAR 地区固定		SEM 双向固定		SEM 时间固定		SEM 地区固定		SDM 双向固定		SDM 时间固定		SDM 地区固定	
ln er	4.6617***	(3.46)	−1.4974	(−0.86)	3.8480***	(2.96)	4.6562*	(1.83)	−1.9213	(−0.85)	4.1462*	(1.84)	4.6751***	(3.47)	−1.7750	(−1.03)	3.8761***	(2.87)
(ln er)²	−0.5538***	(−3.33)	0.1904	(0.89)	−0.4516***	(−2.83)	−0.5530*	(−1.78)	0.2452	(0.88)	−0.4896*	(−1.77)	−0.5529***	(−3.33)	0.2394	(1.13)	−0.4553***	(−2.74)
ln pgdp	0.0309	(0.43)	0.0228	(0.32)	0.3318***	(6.50)	0.0328	(0.34)	0.0324	(0.27)	0.1179	(1.20)	0.0309	(0.43)	0.0216	(0.31)	0.3313***	(6.43)
ln inf	0.1042**	(1.98)	−0.2223***	(−8.18)	0.0206	(0.62)	0.1059	(0.82)	−0.2286***	(−3.65)	0.1418	(1.31)	0.1060**	(2.01)	−0.2185***	(−8.14)	0.0210	(0.63)
ln open	0.0434***	(3.18)	0.0491***	(3.62)	0.0448***	(3.18)	0.0436	(1.52)	0.0458	(1.61)	0.0553**	(2.03)	0.0417***	(3.02)	0.0451***	(3.34)	0.0448***	(3.18)
ln mar	1.3592***	(5.87)	−1.3459***	(−7.18)	1.1654***	(5.42)	1.3649**	(2.46)	−1.3770***	(−4.67)	1.3054**	(2.27)	1.3730***	(5.92)	−1.3214***	(−7.14)	1.1695***	(5.29)
ln tech	−0.2127***	(−2.92)	−0.0775	(−0.75)	−0.1093*	(−1.75)	−0.2132**	(−2.07)	−0.0606	(−0.30)	−0.2020**	(−2.06)	−0.2076***	(−2.84)	−0.0888	(−0.87)	−0.1086*	(−1.72)
W × ln er													0.2824	(0.81)	1.1314***	(2.74)	0.0090	(0.08)
R²	0.0079		0.0023		0.9184		0.0081		0.0184		0.2237		0.0348		0.2695		0.9181	
Log-likelohood	125.0463		−36.8364		89.9249		124.9823		−34.8932		78.0888		125.3724		−33.3596		89.9280	
Spatial rho	−0.0577	(−0.36)	−0.1911	(−1.19)	0.8006***	(22.85)							−0.0750	(−0.46)	−0.3214*	(−1.88)	0.8003***	(22.68)
Spatial lambda							0.0063	(0.03)	−0.4061***	(−2.60)	0.9410***	(47.44)						
Sigma²-e	0.0274***	(12.84)	0.0730***	(12.84)	0.0307***	(12.60)	0.0275***	(6.31)	0.0715***	(6.14)	0.0296***	(6.22)	0.0274***	(12.84)	0.0710***	(12.82)	0.0307***	(12.60)
Hausman test	38.21		−752.83		−8.68		−9.51		5912.81		−12.16		13.23		−435.59		−8.97	

三个模型的极大似然函数值分别为 125.046 3、89.924 9、-36.836 4，赤池系数分别为 -232.092 7、-161.849 9、91.672 8，贝叶斯系数分别为 -197.900 8、-127.650、125.864 6，三个指标结果均显示应接受空间时间双向固定效应模型。从表 5.7 所反映的 SAR 模型的结果看，环境规制从空间上对三峡库区绿色发展效率提升起到积极的推动作用。环境规制一次项对绿色发展效率的影响系数为 4.661 7，在 1% 水平显著；环境规制二次项对绿色发展效率的影响系数为 -0.553 8，在 1% 水平显著。这说明从空间看，环境规制对绿色发展效率的影响呈非线性，再次证明假设 H_1。从控制变量看，经济发展水平对绿色发展效率的影响不显著。基础设施水平、贸易开放度、市场化程度对绿色发展效率影响为正向，分别在 5%、1%、1% 的水平显著，说明加大道路等基础设施建设，加强对外贸易拓展库区对外联系、政府放权市场发展等措施对库区绿色发展都有较强的推动作用，这与各级政府对库区安稳致富发展的积极政策相符，也印证了国家对库区的基础设施建设、扶持库区经济发展政策的合理性。同时，技术投入对绿色发展效率的影响为负，在 1% 水平显著。技术投入的直接效果与人力资本成长、产业结构密切相关，而库区原本产业结构较低端，人力资本素质不高，技术投入是一个长期过程，投入巨大且对其他项目投入具有挤出效应，因此目前看技术投入的作用是负向的，然而不能因此而否定技术投入对绿色发展效率长期的潜在影响。

表 5.8 反映了环境规制对三峡库区绿色发展效率的直接效应、间接效应和总效应。从直接效应看，环境规制一次项对本地区绿色发展效率影响系数为 4.720 4，在 1% 水平显著，环境规制对本地区绿色发展效率是正向影响，环境规制可提高本地区的绿色发展效率，且这一影响相对其他控制变量而言也最大；环境规制的二次项对本地区绿色发展效率影响系数为 -0.561 3，在 1% 水平显著。从间接效应看，环境规制对本地区外的其他地区绿色发展效率具有负向溢出效应，环境规制二次项对本地区外的其他地区绿色发展效率是正向溢出效应，但是间接效应均不显著。从总效应看，环境规制一次项和二次项对三峡库区绿色发展效率的空间效应均在 1% 水平显著，系数分别是 4.525 7 和 -0.538 1。可以看出，随着环境规

制的加强，污染密集产业的企业倾向于建立在环境标准相对较低的地区，符合"污染避难所假说"。短期内企业的迁移会促进迁入地区经济增长，随着时间的推移，企业对环境的破坏抵消了经济增长带来的收益，从而使绿色发展效率出现下降趋势。这与假设 H_2 相符。

从控制变量看，基础设施水平、贸易开放度、市场化程度对本区域的绿色发展效率是正向影响，影响系数分别为 0.102 5、0.043 7 和 1.372 2，显著性水平分别为 5%、1% 和 1%，说明随着基础设施水平、贸易开放度、市场化程度的提升，本地区经济社会整体发展向上，在经济发展的同时生态环境也得到极大改善，环境和经济发展实现双赢，绿色发展效率提高。技术投入对绿色发展效率的影响为负向，在 1% 水平显著。对其他地区而言，基础设施水平、贸易开放度、市场化程度、技术投入对绿色发展效率显著性不明显。从总效应看，基础设施水平、贸易开放度、市场化程度对三峡库区绿色发展效率的空间效应是正向影响，且在 10%、1% 和 1% 水平显著。

表 5.8 环境规制对三峡库区绿色发展效率的直接效应、间接效应和总效应

变量	时间空间双固定 SAR						地区固定 SAR						时间固定 SAR					
	直接效应		间接效应		总效应		直接效应		间接效应		总效应		直接效应		间接效应		总效应	
ln er	4.7204***	(3.40)	−0.1946	(−0.27)	4.5257***	(3.05)	4.6018***	(2.84)	15.5110**	(2.18)	20.1128**	(2.34)	−1.4395	(−0.80)	0.2340	(0.60)	−1.2055	(−0.79)
(ln er)²	−0.5613***	(−3.27)	0.0232	(0.27)	−0.5381***	(−2.96)	−0.5408***	(−2.72)	−1.8242**	(−2.12)	−2.3650**	(−2.27)	0.1830	(0.83)	−0.0298	(−0.63)	0.1532	(0.82)
ln pgdp	0.0382	(0.55)	−0.0009	(−0.08)	0.0373	(0.55)	0.3960***	(8.39)	1.2925***	(7.01)	1.6885***	(8.87)	0.0298	(0.44)	−0.0055	(−0.40)	0.0243	(0.43)
ln inf	0.1025**	(2.02)	−0.0045	(−0.30)	0.0980*	(1.95)	0.0220	(0.60)	0.0739	(0.60)	0.0959	(0.60)	−0.2222***	(−7.99)	0.0337	(1.29)	−0.1885***	(−4.89)
ln open	0.0437***	(3.33)	−0.0018	(−0.27)	0.0418***	(2.98)	0.0530***	(3.30)	0.1767***	(2.59)	0.2297***	(2.79)	0.0494***	(3.76)	−0.0076	(−1.21)	0.0417***	(3.34)
ln mar	1.3722***	(6.04)	−0.0530	(−0.27)	1.3192***	(4.34)	1.3901***	(5.36)	4.6453***	(3.22)	6.0354***	(3.65)	−1.3591***	(−7.76)	0.2086	(1.31)	−1.1505***	(−5.14)
ln tech	−0.2115***	(−2.78)	0.0090	(0.28)	−0.2025**	(−2.58)	−0.1288	(−1.63)	−0.4369	(−1.44)	−0.5657	(−1.49)	−0.0689	(−0.65)	0.0108	(0.49)	−0.0581	(−0.65)
R^2	0.0079						0.9184						0.0023					
Log-likelohood	125.0463						89.9249						−36.8364					
Spatia rho	−0.0577	(−0.36)					0.8006***	(22.85)					−0.1911	(−1.19)				
Sigma²-c	0.0274***	(12.84)					0.0307***	(12.60)					0.0730***	(12.84)				
AIC	−232.0927						−161.8499						91.6728					
BIC	−197.9008						−127.7658						125.8646					

5.3 稳健性检验

表 5.9 是在邻接权重矩阵下的环境规制对三峡库区绿色发展效率影响的空间计量回归结果。和地理权重矩阵相比，在邻接权重矩阵下，环境规制对绿色发展效率的影响通过了显著性水平检验，控制变量中的基础设施水平、外贸开放度、市场化程度、技术投入等均通过了不同程度的显著性水平检验，虽然显著性水平有所变化，但系数反映出的环境规制对绿色发展效率影响大致相同，该检验结果与主测试一致。

表 5.9 环境规制对三峡库区绿色发展效率影响的空间计量回归（邻接权重矩阵）

变量	SAR(双向固定)		SEM(双向固定)		SDM(双向固定)	
	系数	z值	系数	z值	系数	z值
ln er	3.3291**	(2.18)	4.3282*	(1.70)	3.3325**	(2.19)
(ln er)^2	−0.3881**	(−2.06)	−0.5128	(−1.64)	−0.3900**	(−2.08)
ln pgdp	0.1498*	(1.83)	0.0400	(0.42)	0.1476*	(1.80)
ln inf	0.1923***	(3.24)	0.1150	(0.91)	0.1821***	(3.04)
ln open	0.0449***	(2.91)	0.0433	(1.57)	0.0456***	(2.96)
ln mar	1.8601***	(7.12)	1.3962**	(2.54)	1.8571***	(7.12)
ln tech	−0.2710***	(−3.29)	−0.2219**	(−2.19)	−0.2811***	(−3.41)
W×ln er					−0.0427	(−1.20)
R^2	0.2230		0.0009		0.6245	
Log-likelohood	20.2643		126.8620		20.8932	
Spatial rho	0.3222***	(0.0049)			0.3232***	(63.98)
Spatial lambda			0.0387	(1.13)		
Sigma^2-e	0.0350***	(0.0027)	0.0270***	(6.28)	0.0350***	(12.80)
Hausman test	−26.17		903.22		−85.98	

5.4 本章小结

（1）通过 OLS 分析得出，环境规制的一次项系数为 4.659 2，在 10% 水平显著，环境规制二次项系数为 -0.553 4，在 10% 水平显著，环境规制与绿色发展效率之间存在倒 U 形曲线关系。环境规制对绿色发展效率的作用存在一个阈值，当三峡库区的环境规制强度小于阈值时，环境规制有利于提升绿色发展效率；当环境规制强度大于阈值时，环境规制对绿色发展效率的抑制作用占据主导地位。

（2）从直接效应看，环境规制一次项对本地区影响系数为 4.720 4，在 1% 水平显著，环境规制对本地区绿色发展效率是正向影响，环境规制可提高本地区的绿色发展效率，且这一影响相对于其他控制变量而言也最大；环境规制的二次项对本地区绿色发展效率影响为 -0.561 3，在 1% 水平显著。从间接效应看，环境规制对本地区外的其他地区绿色发展效率具有负向溢出效应，环境规制二次项对本地区外的其他地区绿色发展效率是正向溢出效应，但是间接效应均不显著。

（3）从控制变量看，基础设施水平、贸易开放度、市场化程度对本区域的绿色发展效率是正向影响，显著性水平分别为 5%、1% 和 1%，说明随着基础设施水平、贸易开放度、市场化程度的提升，本地区经济社会整体发展向上，在经济发展的同时生态环境也得到极大改善，使得环境和经济发展实现双赢，绿色发展效率提高。技术投入对绿色发展效率的影响为负向，在 1% 水平显著。

6 正式环境规制对三峡库区绿色发展的调节效应与异质性考察

本章是在第 5 章基础上关于正式环境规制对绿色发展效率影响的进一步分析。首先,基于 3.1.1 节中影响绿色发展的主要因素,结合三峡库区快速发展的产业化、城镇化进程,实证分析了产业结构和城镇化在正式环境规制对绿色发展效率影响中的调节效应;其次,基于三峡库区十几年经济社会发展的巨大变迁和内部经济发展的差距,分不同时段和不同区域就正式环境规制对绿色发展效率影响进行异质性分析。

6.1 调节效应分析

6.1.1 产业结构的调节效应

在 3.2.3 节中分析了产业结构对于环境规制对绿色发展效率影响的调节作用,并提出了研究假设 H_3,本部分通过实证检验该研究假设。通过产业结构(str)与环境规制一次项和二次项的交互,构建含有两种交互效应的分析模型。这里的产业结构原始数据来源于《重庆统计年鉴(2005—2019)》,用第二产业占地区生产总值的比例表示。其他控制变量在第 5 章中已有详细介绍,构建模型如下:

$$\ln \text{gde}_{it} = \alpha_0 + \beta_1 \ln \text{er}_{it} + \beta_2 (\ln \text{er}_{it})^2 + \beta_3 \ln \text{str}_{it} + \omega_1 \ln \text{er} \times \ln \text{str} + \beta_n \ln X_{it} + \mu_i + \gamma_t + \varepsilon_{it} \qquad (6.1)$$

$$\ln \text{gde}_{it} = \alpha_0 + \beta_1 \ln \text{er}_{it} + \beta_2 (\ln \text{er}_{it})^2 + \beta_3 \ln \text{str}_{it} + \omega_1 \ln \text{er} \times \ln \text{str} + \omega_2 (\ln \text{er})^2 \times \ln \text{str} + \beta_n \ln X_{it} + \mu_i + \gamma_t + \varepsilon_{it} \qquad (6.2)$$

式(6.1)为包含环境规制一次项与产业结构交互的目标模型,式(6.2)

为同时包含环境规制一次项和二次项与产业结构交互的目标模型。

式中，α_0 为常数；ω_1 和 ω_2 为交互项回归系数；$\beta_1,\cdots,\beta_n$ 为解释变量回归系数；μ_i 为不可观测的地区特征；γ_t 为不可观测的时间特征；ε_{it} 为随机误差项；i 和 t 分别是地区单元和时期。

表 6.1 反映了环境规制在产业结构调节下对三峡库区绿色发展效率的总体影响。模型一包含环境规制一次项与产业结构交互项，用以检验产业结构的单一线性调节效应；模型二同时包含环境规制一次项和二次项与产业结构交互项，用以检验产业结构的非线性调节效应。从模型一可以看出，产业结构在环境规制影响三峡库区绿色发展效率过程中存在单一负向调节作用，不利于发挥环境规制的绿色引导作用。模型二中的环境规制一次项和二次项与产业结构的交互项均不显著，表明不存在非线性调节效应。模型一中的环境规制一次项与产业结构交互项的回归系数为 -0.2040，在10%水平显著，呈现较强的负向交互效应。这与假设 H_3 提出的产业结构对环境规制影响绿色发展效率有调节作用相一致。在"生态优先、绿色发展"过程中，尽管三峡库区各区县在化解产能过程、培育绿色发展新动能取得了一定成效，但是库区以低端化工、水泥、建筑制造等为主的工业产业结构短期内难以完全转型，"两高一低"的产业规模仍较大。加强工业产业结构转型，发展新型工业，需要一定的时间调整。环境规制客观上推动了高耗能污染型企业在区域内部的转移和特定空间的集聚，污染问题难以有效根治，从而削弱了绿色发展的内生性，导致环境规制与产业结构对绿色发展效率提升具有较强的负向联合影响。

表 6.1 环境规制、产业结构对三峡库区绿色发展效率的总体影响估计

变量	模型一		模型二	
	系数	t 值	系数	t 值
ln er	4.8550*	(1.98)	4.7901*	(1.82)
(ln er)^2	-0.5801*	(-1.95)	-0.5723*	(-1.79)
ln str	-0.0136	(-0.15)	-0.0182	(-0.18)
ln er × ln str	-0.2040*	(-2.01)	-0.5850	(-0.22)
(ln er)^2 × ln str			0.0453	(0.15)
ln pgdp	-0.0096	(-0.12)	-0.0079	(-0.10)
ln inf	0.1233	(0.90)	0.1240	(0.91)

续表

变量	模型一		模型二	
	系数	t 值	系数	t 值
ln open	0.0429	(1.45)	0.0426	(1.45)
ln mar	1.4236**	(2.51)	1.4313**	(2.52)
ln tech	−0.2227**	(−2.08)	−0.2228*	(−2.07)
R^2	0.9509		0.9509	
Sigma_u	0.3852		0.3851	
Sigma_e	0.1769		0.1772	
rho	0.8258		0.8253	

表 6.2 反映了库腹地区和库尾地区环境规制在产业结构调节下对绿色发展效率的影响。模型一和模型三只包含环境规制一次项与产业结构交互项，用以检验产业结构的线性调节效应；模型二和模型四同时包含环境规制一次项和二次项与产业结构交互项，用以检验产业结构的非线性调节效应。

针对三峡库区的不同区域，环境规制在产业结构调节下对绿色发展效率的调节作用呈 U 形，抑制作用在前，促进作用在后。模型二中，库腹地区环境规制一次项与产业结构交互项回归系数为 −14.049 1，在 5% 水平显著；环境规制二次项与产业结构交互项回归系数为 1.761 5，在 10% 水平显著，与假设 H_3 相符。模型四中，库尾地区环境规制一次项与产业结构交互项回归系数为 −7.820，在 10% 水平显著，环境规制二次项与产业结构交互项回归系数为 0.868 4，在 10% 水平显著，与假设 H_3 相符。低技术含量的高耗能产业在库腹、库尾地区都占有相当比例，随着环境排放标准的提升，消极应对转移部分产业的方式不能有效化解低端产能过程的危机，随着"生态优先、绿色发展"战略的提出，产业结构调整更多关注培育新型产能，高端装备制造、新材料、新能源、生物医药等高技术产业也逐渐被引进库腹、库尾地区，并根据库腹、库尾地区不同的产业定位，分别向高端服务业和高端制造业相结合的方向发展，从而压缩高耗能高污染产业的发展空间，增强绿色发展内生动力，产业结构调节下的环境规制对绿色发展效率的影响也呈现阶段性特征。

表 6.2 环境规制、产业结构对三峡库区不同区域绿色发展效率影响的估计

变量	库腹地区				库尾地区			
	模型一		模型二		模型三		模型四	
	系数	t 值	系数	t 值	系数	t 值	系数	z 值
ln er	1.4634	(0.41)	−1.6981	(−0.42)	9.2598***	(3.69)	10.4442***	(5.44)
(ln er)^2	−0.1532	(−0.35)	0.2344	(0.46)	−1.0978***	(−3.68)	−1.2345***	(−5.39)
ln str	−0.0443	(−0.28)	−0.0993	(−0.61)	0.1905	(1.43)	0.1644	(1.17)
ln er × ln str	0.0548	(0.14)	−14.0491**	(−2.28)	−0.4236*	(−1.95)	−7.9820*	(−2.03)
(ln er)^2 × ln str			1.7615*	(2.18)			0.8684*	(1.89)
ln pgdp	−0.0082	(−0.06)	0.0669	(0.52)	0.2368*	(2.02)	0.1646	(1.34)
ln inf	0.2153	(0.92)	0.2507	(1.05)	0.0427	(0.28)	0.0322	(0.21)
ln open	0.0639**	(2.27)	0.0673**	(2.42)	−0.0047	(−0.11)	−0.0048	(−0.12)
ln mar	0.9997	(1.39)	1.1080	(1.55)	1.1348	(1.10)	1.2173	(1.15)
ln tech	−0.3131*	(−2.07)	−0.2953*	(−1.84)	−0.0147	(−0.11)	−0.0447	(−0.31)
R^2	0.9491		0.9506		0.9656		0.9664	
Sigma_u	0.2856		0.3096		0.3929		0.3767	
Sigma_e	0.1817		0.1796		0.1594		0.1580	
rho	0.7119		0.7482		0.8587		0.8504	

6.1.2 城镇化的调节效应

在 3.2.3 节中分析了城镇化对于环境规制对绿色发展效率影响的调节作用,并提出了研究假设 H_4,本部分通过实证检验该研究假设。通过城镇化(urb)与环境规制一次项和二次项的交互,构建含有两种交互效应的分析模型。这里的城镇化率原始数据来源于《重庆统计年鉴(2005—2019)》,指的是人口城镇化,即城镇人口占总常住人口的比例。其他控制变量在第 5 章中已有详细介绍。构建模型如下:

$$\ln \text{gde}_{it} = \alpha_0 + \beta_1 \ln \text{er}_{it} + \beta_2 (\ln \text{er}_{it})^2 + \beta_3 \ln \text{urb}_{it} + \omega_1 \ln \text{er} \times \ln \text{urb} + \beta_n \ln X_{it} + \mu_i + \gamma_t + \varepsilon_{it} \quad (6.3)$$

$$\ln \text{gde}_{it} = \alpha_0 + \beta_1 \ln \text{er}_{it} + \beta_2 (\ln \text{er}_{it})^2 + \beta_3 \ln \text{urb}_{it} + \omega_1 \ln \text{er} \times \ln \text{urb} + \omega_2 (\ln \text{er})^2 \times \ln \text{str} + \beta_n \ln X_{it} + \mu_i + \gamma_t + \varepsilon_{it} \quad (6.4)$$

式（6.3）为包含环境规制一次项与城镇化交互的目标模型。式（6.4）为同时包含环境规制一次项和二次项与城镇化交互的目标模型。

式中，α_0 为常数；ω_1 和 ω_2 为交互项回归系数；β_1、β_2 为解释变量回归系数；μ_i 为不可观测的地区特征；γ_t 为不可观测的时间特征；ε_{it} 为随机误差项；i 和 t 分别是地区单元和时期。

表 6.3 反映了环境规制在城镇化调节下对三峡库区绿色发展效率的总体影响。模型一包含环境规制一次项与城镇化交互项，用以检验城镇化的单一线性调节效应；模型二同时包含环境规制一次项和二次项与城镇化交互项，用以检验城镇化的非线性调节效应。从模型一可以看出，城镇化在环境规制影响三峡库区绿色发展效率过程中存在单一线性正向作用。模型二中的环境规制一次项和二次项与产业结构的交互项均不显著，表明不存在非线性调节效应。模型一中的环境规制一次项与城镇化交互项的回归系数为 1.150 1，在 10% 水平显著，呈现正向交互效应。这与假设 H_4 提出的城镇化对环境规制影响绿色发展效率有调节作用相一致。一直以来，我国都在加速城镇化进程，通过人口城镇化实现土地等资源要素的集中利用。三峡库区人多地少，特别是库区的形成导致了大量淹没区出现，大量需要搬迁安置的原住地居民，除部分外省市安置外，大多数是在库区内部实现易地搬迁安置，库区人多地少矛盾更加突出。通过城镇化，库区人口向大城市、村镇集中，大量农村土地、林地资源通过集约化得到更加高效利用，各种污染源得到集中处理，城镇化使得库区大量生态环境资源得以休养生息，增强了绿色发展内生性，环境规制对绿色发展效率的提升作用得以增强。

表 6.3　环境规制、城镇化对三峡库区绿色发展效率的整体影响估计

变量	模型一		模型二	
	系数	t 值	系数	t 值
ln er	5.2150**	(2.15)	4.8210*	(1.83)
$(\ln er)^2$	−0.6190**	(−2.08)	−0.5725*	(−1.77)
ln urb	0.1292	(0.40)	0.2007	(0.63)
ln er × ln urb	0.1501*	(1.80)	-2.6606	(−1.02)
$(\ln er)^2 \times \ln urb$			0.3496	(1.10)
ln pgdp	0.0334	(0.33)	0.0348	(0.36)
ln inf	0.0908	(0.84)	0.0991	(0.92)
ln open	0.0474	(1.60)	0.0454	(1.54)
ln mar	1.3743**	(2.17)	1.4837**	(2.36)
ln tech	−0.2007	(−1.63)	−0.1919	(−1.57)
R^2	0.9506		0.9509	
Sigma_u	0.3959		0.4144	
Sigma_e	0.1774		0.1772	
rho	0.8327		0.8455	

表 6.4 反映了库腹地区和库尾地区环境规制在城镇化调节下对绿色发展效率的影响。模型一和模型三包含环境规制一次项与城镇化交互项，用以检验城镇化的线性调节效应；模型二和模型四同时包含环境规制一次项和二次项与城镇化交互项，用以检验城镇化的非线性调节效应。

模型二中，库腹地区环境规制一次项与城镇化交互项回归系数为 −13.9642，在 5% 水平显著，环境规制二次项与产业结构交互项回归系数为 1.7572，在 5% 水平显著，与假设 H_4 相符。模型三中，库尾地区环境规制一次项与城镇化交互项回归系数为 0.8518，在 5% 水平显著，与假设 H_4 相符。这一结果表明，城镇化能够调节环境规制对绿色发展效率的影响，但在库腹、库尾地区这种影响效应有所不同。在库腹地区，城镇化在环境规制影响绿色发展效率过程中发挥 U 形调节作用。这是因为库腹地区作为移民重点区域，早期的城镇化主要靠移民后安置推动，绝大多数都是工程性被动式移民，这种非自愿移民虽然在短期内形成了大量人口由农村向城

镇的集中，但是相应的基础设施、社会服务工作并未跟上，由此在人口集聚的同时也产生了许多社会问题，政府和市场的更多资源用于系列社会问题的解决，实际上较少有精力关注绿色发展问题，因此，这一时期的城镇化在环境规制影响绿色发展效率的过程中是负向影响。随着工程的结束和移民工作重心的转移，库腹地区的城镇化逐渐由非自愿向自愿转化，政府更多借助市场手段吸引了大量人口向城镇的集中，由此为城镇化发展带来新兴人口、先进技术，这一时期的城镇化是资源要素的自然集聚，是真正的规模化、集约化，因此城镇化在环境规制影响绿色发展效率的过程中是正向影响。库尾地区受非自愿移民影响较小，它的城镇化过程更多受市场规律的影响，因此，库尾地区的城镇化在环境规制影响绿色发展效率的过程中是单一线性的正向影响。

表 6.4　环境规制、城镇化对三峡库区不同区域绿色发展效率影响的估计

变量	库腹地区				库尾地区			
	模型一		模型二		模型三		模型四	
	系数	t 值	系数	t 值	系数	t 值	系数	t 值
ln er	1.3506	(0.38)	−2.9509	(−0.67)	5.0131*	(2.06)	5.7992*	(2.22)
(ln er)^2	−0.1299	(−0.29)	0.3987	(0.72)	−0.5877*	(−1.95)	−0.6818*	(−2.12)
ln urb	−0.8267	(−1.40)	−0.7205	(−1.17)	1.2360*	(2.02)	1.3184*	(2.01)
ln er × ln urb	0.0871	(0.38)	−13.9642**	(−3.18)	0.8518**	(2.53)	−6.6163	(−0.41)
(ln er)^2 × ln urb			1.7572**	(3.15)			0.9077	(0.46)
ln pgdp	0.0204	(0.20)	0.0753	(0.66)	0.3213**	(2.66)	0.3138**	(2.78)
ln inf	0.2507	(1.09)	0.2732	(1.09)	0.0440	(0.41)	0.0514	(0.48)
ln open	0.0683**	(2.29)	0.0654**	(2.24)	−0.0075	(−0.28)	−0.0072	(−0.27)
ln mar	0.4359	(0.74)	0.6703	(1.17)	1.1490	(1.25)	1.1242	(1.25)
ln tech	−0.2917	(−1.67)	−0.2386	(−1.23)	0.1524	(0.98)	0.1493	(0.96)
R^2	0.9519		0.9545		0.9698		0.9698	
Sigma_u	0.1721		0.1843		0.2067		0.2047	
Sigma_e	0.1766		0.1725		0.1494		0.1498	
rho	0.4872		0.5332		0.6569		0.6513	

6.2 异质性考察

6.2.1 分区讨论结果

表 6.5 反映了库腹地区、库尾地区环境规制对绿色发展效率影响的异质性。

从库腹地区情况看，环境规制一次项和二次项对库腹地区绿色发展效率提升的直接效应和间接效应在影响方向上与库区总体情况保持一致，但是结果不显著。库腹地区是我国西南地区乃至西部地区国家级、省级重点扶贫连片区域，人口密度大、贫困人口发生率高，尚有大片国家级贫困县急需扶持，二元经济结构突出。库腹地区主要包括巫山县、巫溪县、奉节县、万州区、开州区、云阳县、忠县、石柱县、丰都县、涪陵区、武隆区11个区县，该地区除部分区县如涪陵、万州等经济发展较好外，其余区县如巫山、巫溪、奉节等地经济发展低于全国平均水平。在环境规制的约束下，库腹地区各区县结合自身优势，加快产业转型实现跨越式发展。在农业方面，与服务业结合，依托粮油、柑橘、蔬菜、畜牧等优势产业，渔业、林业、茶叶、特果、蚕桑、中药材、烟叶等七大特色产业，发展观光休闲农业、文化创意农业等。在工业方面，集聚发展要素，逐渐形成以"万开云"为核心，产业特色突出的城镇空间格局。环境规制的加强，增强了绿色发展的内生性，避免库腹地区走先污染后治理的老路。因此，库腹地区发展还是以经济建设为主，环境规制的约束作用通常让位于经济建设目标，导致对绿色发展效率的提升作用不显著。从对周边区域的影响看，由于库腹地区各区县之间经济发展、产业特色差距较大，本地区的环境规制在提升本地绿色发展的同时对周边区域具有一定示范效应，但是影响力有限。环境规制具有挤出效应，高污染高耗能工业具有向邻近环保相对宽松的欠发达地区转移的趋势，但是库腹地区各区县在行政空间上距离较短，且均位于三峡库区这一特殊区域，对环境生态要求较高，污染产业在库区内部转移困难，因此溢出效应不显著。从控制变量看，基础设施水平、贸易开放度、市场化程度对库腹地区绿色发展效率具有较强的提升作用，分别在5%、1%、1%的水平显著，表明加强交通基础设施建设、加强对外交流、促进市场要素流动有利于激活库腹地区经济发展活力。技术投入直接效应为负，在 5% 水平显著。技术创新需要的是长期大量的人力、物力投入，效应显现需要时间积累，大量的技术投入可能在短期内占用本地区其他投入而对绿色发展效率产生负向影响。

从库尾地区情况看，环境规制一次项和二次项对绿色发展效率提升的直接效应均在 1% 的水平显著，且呈倒 U 形，这与三峡库区总体情况一致，证明了假设 H_1。相对于库腹地区，库尾地区的环境规制对绿色发展效率作用的显著性更强。库尾地区包括渝中区、大渡口区、江北区、沙坪坝区、九龙坡、南岸区、北碚区、渝北区、巴南区、江津区、长寿区 11 个区，区域政策、区位条件、资源禀赋、市场环境等较为优越，经济高度发达，产业结构合理，经济服务化程度高。环境规制加速了高污染高耗能行业转移，产业向高级化转化，对经济社会中环境污染行为约束力明显，库尾地区环境改善的同时对经济发展起到积极的促进作用，提高了地区绿色发展质量。环境规制一次项和二次项对库腹地区绿色发展具有负向空间溢出效应，且均在 5% 水平显著，证明了假设 H_2。库尾地区各区县涉及的产业门类主要有汽摩、电子信息、装备制造、化工医药、轻纺、材料等产业，区县之间的产业结构较为相似，因此本地环境规制约束的加强会导致高污染高耗能落后产能向周边转移，部分产能在周边区域有较好的承接地，同时生产生活也会向周边地区转移，导致环境规制对绿色发展效率呈现负向空间溢出效应。库尾地区一直致力于建设高端产业集聚、创新开放领先的国家中心城市核心载体，定位为西部地区开放门户、科教中心、综合枢纽、商贸物流集聚区、战略性新兴产业基地，产业结构向高级化、智能化转型的战略布局早有部署，区域之间竞争激烈，环境规制约束加强背景下高污染高耗能落后产能空间转移至周边地区，环境规制对绿色发展的负向空间溢出效应显著。控制变量中，经济发展水平对绿色发展效率影响显著，对本地区是正向影响，系数为 0.4022，在 1% 水平显著，对其他地区是负向影响，系数为 -0.1261，在 5% 水平显著。这说明库尾地区各类要素集聚、基础设施完备、市场竞争充分，在相同的环境规制约束下，绿色发展效率提升对经济发展的依赖较高。经济发展的竞争性导致经济发展有效促进本地区绿色发展效率，而对其他区域表现为负向空间溢出。

表 6.5 不同区域环境规制对绿色发展效率的影响效应

变量	双固定 SAR(库腹地区)			双固定 SAR(库尾地区)		
	直接效应	间接效应	总效应	直接效用	间接效应	总效应
ln er	1.4117	0.2389	1.6505	8.1322***	-2.5542**	5.5779***
	(0.65)	(0.37)	(0.64)	(3.99)	(-2.07)	(3.09)
$(\ln er)^2$	-0.1492	-0.0252	-0.1745	-0.9690***	-0.3045**	-0.6645***
	(-0.55)	(-0.32)	(-0.54)	(-3.88)	(2.05)	(-3.04)
ln pgdp	-0.0202	-0.0057	-0.0259	0.4022***	-0.1261**	0.2761***
	(-0.17)	(-0.17)	(-0.18)	(3.44)	(-2.03)	(2.80)
ln inf	0.2082**	0.0303	0.2385**	0.0615	-0.0208	0.0407
	(2.00)	(0.70)	(1.96)	(1.05)	(-0.96)	(1.02)
ln open	0.0649***	0.0111	0.0761***	0.0028	-0.0006	0.0022
	(3.59)	(0.70)	(2.78)	(0.14)	(-0.09)	(0.15)
ln mar	1.0676***	0.1818	1.2494***	0.8858	-0.2688	0.6170
	(3.80)	(0.75)	(2.97)	(1.20)	(-1.00)	(1.13)
ln tech	-0.3033**	-0.0465	-0.3498**	-0.0093	0.0042	-0.0051
	(-2.20)	(-0.67)	(-2.09)	(-0.09)	(0.12)	(-0.07)

6.2.2 分期讨论结果

表 6.6 是以 2009 年三峡工程竣工为时间点，展示了工程竣工前（2004—2009）和工程竣工后（2010—2018）环境规制对绿色发展效率的影响结果。

三峡工程竣工前（2004—2009），环境规制对绿色发展效率的影响均不显著。究其原因，三峡工程竣工之前，各项工作均以工程建设为主，并且大量移民的安稳工作也是重点，因此，尽管这一时期在不同的政策文件中均有关于环境保护的要求，但是更多的是从工程角度提出的减少环境破坏的技术要求，经济层面的环境约束较为薄弱。从工程建设的历程看，三峡工程于 1994 年正式动工兴建，2003 年蓄水发电，2009 年全部完工，三峡工程建设之前以及建设初期，由于长期受历史、人口、资源、发展方式等多种因素的影响，库区生态环境问题比较突出，蓄水发电后环境问题进一步凸显。2003年4月，三峡工程二期移民工程通过国家验收，三峡移民工作取得重大阶段性成果，移民工作的顺利以及环境问题的凸显促使国家高度重视三峡库区环境问题。国务院相继批准《三峡库区及上游水污染防治规划》(2001年)、《关于加强三峡工程建设期三峡水库管理的通知》(国办发〔2004〕32号)、《关于加强三峡工程初期蓄水期水库消落区管理的通知》(国三峡委发办字〔2007〕6号)。一系列措施的出台，对库区日益恶化的环境问题起到了很好的抑制作用，生态环境问题得到了恢复，但是这段时期的绿色发展更多是从生态环境的稳定角度来切入，而整个库区经济发展相对较低，导致绿色发展缺乏一定的经济基础支撑。从控制变量看，这一时期经济发展水平与三峡库区绿色发展效率显著相关，即经济发展水平的提升促进了本地绿色发展效率的提高，从侧面也反映出当时库区经济还处于较低水平，经济发展对绿色发展效率有较高的边际效应。技术投入也会挤占其他领域的投入，技术投入对库区绿色发展效率的提升作用尚未显现，对绿色发展效率的提升是负向作用。

三峡工程竣工后(2010—2018)，环境规制一次项和二次项对绿色发展效率提升的直接效应均在1%的水平显著，且呈倒U形，这与总体情况一致，符合假设 H_1。随着工程的竣工，三峡库区的发展重心逐渐转移到库区经济社会的发展上，环境规制的约束不断加强且政策制定更有针对性，这一时期对库区早期落后的产业结构加强了调整，产业结构向新型工业化、高级化方向发展，因此环境规制作用较为明显，对绿色发展效率的提升作用占主导地位。随着环境规制约束的逐步深入，环境规制的边际效用递减，且相应的经济社会转型尚未完成，因此，环境规制对本地区绿色发展效率的影响出现负向效应。

环规规制一次项和二次项对三峡库区绿色发展效率的空间溢出效应与对本地区的影响方向一致，分别为正向和负向，但不显著。本地区环境规制促进本地区绿色发展效率，增强了绿色发展的内生动力，加速了资金、技术、人才在本地集聚，对周边地区的绿色发展效应也有促进作用。这与2004—2009年的情况有所差异，在前期环境规制的影响效应下，区域之间的污染减少、绿色发展取得初期共赢之后，由于三峡库区优质资源的稀缺，地区之间逐渐向竞争格局发展。

从控制变量效应看，基础设施水平、贸易开放度、市场开放度对本地绿色发展效率的提升分别在 5%、1%、1%的水平显著。继 2009 年三峡水电站工程全部完工，2011 年 5 月国务院常务会议论通过《三峡后续工作总体规划》，强调要从促进库区经济社会发展、实现移民安稳致富，加强库区生态环境建设与保护，强化库区地质灾害防治等多个方面加快三峡库区发展。以库区资源禀赋为基础，加快农产品加工、旅游服务等特色产业发展，避免产业空心化，通过加大道路交通基础设施建设，引入多种社会主体投入库区建设，为库区发展注入活力，既改善了库区环境，又提升了经济发展，提高了绿色发展内生动力。技术投入对本地区绿色发展效率的负向影响在 1%的水平显著。技术创新需要的是长期大量的人力、物力投入，短期内效果不显著且可能会挤占其他方面的投入，相对本地绿色发展有负面的影响。

表 6.6 不同时间段环境规制对三峡库区绿色发展效率的影响效应

变量	双固定 SAR(2004—2009)			双固定 SAR(2010—2018)		
	直接效应	间接效应	总效应	直接效用	间接效应	总效应
ln er	0.0739	−0.0257	0.0482	7.1993***	0.4333	7.6326***
	(0.09)	(−0.09)	(0.08)	(3.03)	(0.26)	(2.60)
$(\ln er)^2$	0.0052	−0.0010	0.0042	−0.8496***	−0.0511	−0.9007**
	(0.05)	(−0.03)	(0.06)	(−2.95)	(−0.26)	(−2.54)
ln pgdp	0.3337***	−0.0983*	0.2354***	−0.3276***	−0.0224	−0.3500**
	(3.29)	(−1.66)	(2.58)	(−3.08)	(−0.28)	(−2.48)
ln inf	0.0115	−0.0041	0.0075	0.2111**	0.0109	0.2220*
	(0.41)	(−0.43)	(0.37)	(2.04)	(0.25)	(1.94)
ln open	0.0062	−0.0016	0.0046	0.0462**	0.0029	0.0491*
	(0.35)	(−0.26)	(0.35)	(2.05)	(0.23)	(1.84)
ln mar	−0.4002	0.1180	−0.2823	1.5775***	0.0992	1.6767***
	(−1.19)	(0.92)	(−1.13)	(4.35)	(0.29)	(3.24)
ln tech	−0.1185*	0.0361	−0.0824	−0.2865***	−0.0160	−0.3025**
	(−1.73)	(1.20)	(−1.62)	(−2.78)	(−0.25)	(−2.49)

6.3 本章小结

本章讨论了产业结构和城镇化在环境规制影响绿色发展效率过程中的调节作用，讨论了不同区域、不同时间段环境规制对三峡库区绿色发展效率影响的异质性。

（1）环境规制一次项与产业结构交互项的回归系数为-0.2040，在10%的水平显著，呈现较强的负向交互效应。这种负向交互效应在库腹和库尾地区依然显著。这说明以高耗能高污染为主的低端产业结构不利于环境规制对绿色发展效率的正向影响。但是随着产业结构的优化，新型工业对低端工业的逐渐替代，库腹和库尾地区环境规制二次项与产业结构交互项的回归系数都为正，产业结构的调节作用为正向。

（2）城镇化在环境规制影响绿色发展效率过程中的调节作用总体为正向，但是库腹地区受工程建设和库区移民影响，早期城镇化主要体现为政策强制性，因此城镇化在环境规制影响绿色发展效率过程中的调节作用为负向。随着移民工作重心的转移，自愿式城镇化发展带来新兴人口、先进技术，城镇化在环境规制影响绿色发展效率过程中的调节作用转化为正向。

（3）从环境规制对三峡库区绿色发展效率影响的异质性分析可以看出，当经济发展到一定水平，单纯的经济增长和环境政策对区域绿色发展的影响作用在减弱，环境政策的设计更需要从调整结构、提升质量、增加转型内生动力入手，才能实现绿色发展的可持续。

7 非正式环境规制对三峡库区绿色发展影响实证研究

本章旨在检验 3.3 节提出的研究假设（即 H_{51}、H_{52}、H_{61}、H_{62}、H_{71}、H_{72}、H_{81}、H_{82}），通过研究区域搜集整理的 1 120 份调查问卷，从环境风险感知、环境意识、环境知识、环境治理感知等方面考察非正式环境规制对三峡库区绿色发展的影响，并进一步分析了不同区域、城乡之间非正式环境规制对绿色发展影响的差异。

7.1 研究设计

7.1.1 数据来源

数据主要来源于本人所在研究团队的集体调研数据库。笔者所在团队长期致力于水利水电库区可持续发展研究工作，先后于 2014 年 7 月—9 月、2016 年 7 月—9 月、2017 年 7 月—9 月等时间段展开三峡库区社会问卷调研。在团队协作基础上，主要参考中国人民大学中国调查与数据中心负责实施的 2013 年中国综合社会调查（CGSS 2013），同时借鉴了洪大用等（2015）、卢春天等（2015）、王玉君和韩冬临（2016）、王薪喜和钟杨（2016）等学者类似量表测度方法来设计问卷[128-131]，并根据三峡库区实际情况对部分问题进行了增加、修改等处理。通过实际调研，经过研究和论证，绝大多数指标通过了信度和效度检验。2018 年 8 月，在三峡库区范围内进行了预调研，针对相关问题进一步修改，完善了指标体系和问答方式。本章采用数据来自 2019 年 1 月—2 月三峡库区问卷调研，以三峡库区范围内居住的居民为调查对象，分别对三峡库区库尾和库腹地区进行抽样调查，库尾地区抽样问卷 710 份，库腹地区抽样问卷 774 份。调查形式采用实地问卷和网上问卷两种方式，共发放问卷 1 484 份，其中实地问卷 658 份，网上问卷 826 份，回收 1 314 份，剔除缺失回答较多问卷后，最终进入分析的有效问卷 1 120 份，占回收问卷的 85.24%。

7.1.2 变量说明

1）因变量

因变量为公众个人的绿色发展行为。如 2.1.2 节所述，学界内部对绿色发展行为的测量总体上分为私人领域的绿色行为和公共领域的绿色行为。私人领域的绿色行为包括诸如垃圾分类、节约能耗等，是指个人生活中的环保行为；而公共领域的绿色行为包括请愿、游行、参加环保组织等，体现出组织的参与性，是群体性行为。这里主要参考 2013 年 CGSS 的选题对公众的绿色发展行为进行了测量，分为 10 个问题，采用斯科特量表，将实施频率按"从不、偶尔、有时、经常、总是"分别赋值为 1、2、3、4、5。对这 10 个问题进行探索性因子分析，发现它们具有两个不同的绿色发展行为组成部分。第一部分，包括：① 购买东西时会自己携带购物袋；② 生活垃圾放在固定的回收地点；③ 选择公共交通出行减少自驾车；④ 节约用水用电以及其他能源；⑤ 购买东西会注意产品的环保性能；⑥ 关注广播电视报刊网络中的环保信息和环保问题。这 6 个问题为私人领域绿色发展行为因子，KMO 为 0.762，解释方差能力达 59.718；Bartlett 球型检验值显著（$P=0.000$），即该变量适宜作因子分析；信度系数 Cronbach α 为 0.737，表明量表具有良好的信度和效度。第二部分，包括：① 向政府部门反映当地出现的环境问题；② 参加政府或环保组织的环境宣传教育活动；③ 参加民间环保团体举办的环保活动；④ 参加要求解决环境问题的投诉或上诉等活动。这 4 个问题为公共领域绿色发展行为因子，KMO 为 0.835，解释方差能力达 88.317；Bartlett 球型检验值显著（$P=0.000$）；信度系数 Cronbach α 为 0.956。最后，将选项因子累加取均值分析，分别测量私人领域绿色发展行为（pri）和公共领域绿色发展行为（pub）。

2）自变量

（1）环境风险感知（pre）。它包括 8 个选项，分别从空气污染、水污染、噪声污染、食品污染、工业垃圾污染、生活垃圾污染、畜禽养殖、森林植被破坏等方面对周围环境做出风险感知评价，根据严重程度按"没有该问题、不太严重、不确定、比较严重、很严重"分别赋值为 1、2、3、4、5，将选项分数累加取均值分析。信度效度检验结果为：KMO 为 0.945，解释方差能力达 65.408；Bartlett 球型检验值显著（$P=0.000$），即该变量适宜作因子分析；信度系数 Cronbach α 为 0.946，表明量表具有良好的信度和效度。

（2）环境意识（con）。它包括 5 个选项：① 如果现在不制止环境破坏行为，未来将遭受严重的环境灾难；② 动植物与人类有着一样的生存权，应该加以保护；③ 江河湖泊自净能力有限度，严重污染后难以自我恢复；④ 人类的生产活动已经接近地球能够承受的极限；⑤ 人类的发展要受到自然规律的支配。按照"完全不同意、不太同意、不确定、比较同意、非常同意"分别赋值为 1、2、3、4、5，将选项分数累加取均值分析。信度效度检验结果为：KMO 为 0.854，解释方差能力达 72.254；Bartlett 球型检验值显著（$P=0.000$）；信度系数 Cronbach α 为 0.903。

（3）环境治理感知（pro）。它包括 10 个选项：① 环境政策出台越来越多；② 环境政策体系越来越完善；③ 环境政策得到了严格落实；④ 环境政策实施对改善环境起到了很大作用；⑤ 环境政策对地方政府行为约束有作用；⑥ 环境政策对企业行为约束有作用；⑦ 环境政策对个人行为约束有作用；⑧ 行政法规等命令控制型环境政策对环境改善有效果；⑨ 环境税、生态补偿等市场激励型环境政策对环境改善有效果；⑩ 环境宣传、环境信息公开、绿色产品认证等引导型环境规制对环境改善有效果。根据个人感受按"完全不同意、不太同意、不确定、比较同意、非常同意"分别赋值 1、2、3、4、5，将选项分数累加取均值分析。信度效度检验结果为：KMO 为 0.926，解释方差能力达 62.922；Bartlett 球型检验值显著（$P=0.000$）；信度系数 Cronbach α 为 0.934。

（4）环境知识（kno）。它包括 11 个选项：① 汽车尾气对人体健康会造成威胁；② 过量使用化肥农药会导致环境（土壤、水体）破坏；③ 含磷洗衣粉会造成水污染；④ 含氟冰箱的氟排放会成为破坏大气臭氧层的因素；⑤ 酸雨的产生与烧煤有关系；⑥ 物种之间相互依存，一个物种的消失会产生连锁反应；⑦ 空气质量报告中，一级空气质量意味着比三级空气质量好；⑧ 单一品种的树林更容易导致病虫害；⑨ 在消落带进行耕种会造成水土流失和水污染；⑩ 政府的水体污染报告中，V 类水质意味着要比 I 类水质差；⑪ 大气中二氧化碳成分的增加是导致气候变暖的因素。问卷中按"非常同意、比较同意、不确定、不太同意、完全不同意"分别赋值为1、2、3、4、5,考虑到环境知识应为对错判断,且上述题目均为正向,在处理问卷中对"非常同意、比较同意"重新赋值为1,对"不确定、不太同意、完全不同意"重新赋值为0,将选项分数累加取均值分析。信度效度检验结果为:KMO为0.939,解释方差能力达69.484;Bartlett球型检验值显著(P=0.000);信度系数Cronbach α为0.933。

3)控制变量

根据以往的研究经验,本章将年龄、性别、政治面貌、户口、学历、年收入作为控制变量。年龄设置分为18岁以下、18~25岁、26~30岁、31~40岁、41~50岁、51~60岁、60岁以上7类,分别赋值为1~7;性别中,男性设置为1,女性为0;政治面貌中,共产党员设置为1,非共产党员为0;户口中,农业户口设置为1,非农户口为0;学历设置为初中及以下、中专/职高/高中、大专/高职、大学本科、硕士及以上5类,分别赋值为1~5;年收入设置为3万元以下、3万~5万元、5万~10万元、10万~20万元、20万元以上5类,分别赋值为1~5。

因变量、自变量和控制变量定义如表7.1所示。

表7.1 变量定义

变量	变量名称	变量定义	变量赋值
pri	私人领域绿色发展行为	私人领域绿色发展行为所在层级	由低到高分别进行1~5赋值
pub	公共领域绿色发展行为	公共领域绿色发展行为所在层级	由低到高分别进行1~5赋值
pre	环境风险感知	周边环境风险感知严重程度	由低到高分别进行1~5赋值
con	环境意识	环境意识强烈程度	由低到高分别进行1~5赋值
pro	环境治理感知	环境治理感知程度	由低到高分别进行1~5赋值
kno	环境知识	环境掌握程度	正确赋值为1,错误为0
age	年龄	年龄所在层级	由低到高分别进行1~7赋值
sex	性别	是否是男性	男性赋值为1,否则为0
par	政治面貌	是否共产党员	共产党员赋值为1,否则为0
reg	户口	是否农业户口	农业户口赋值为1,否则为0
edu	学历	教育程度所在层级	由低到高分别进行1~5赋值
inc	家庭收入	年收入水平所在层级	由低到高分别进行1~5赋值

7.1.3 研究模型

本节使用的基准回归方法主要是普通最小二乘法（OLS）。此方法在实证研究中使用较为广泛，学界已经对它进行了丰富的阐释，在此不再赘述。本节使用的研究方法主要是回归系数法，并采用 Stata 15.0 计量软件。在下列基础模型基础上进行相应拓展分析：

$$Y_i = \alpha + \beta X_i + \varepsilon_i \tag{7.1}$$

式中，Y_i 代表环境发展行为；X_i 代表四类非正式环境规制；ε_i 代表随机扰动项；β 是影响弹性，衡量的是绿色发展行为与非正式环境规制的相关程度。β 越大，影响力越小；反之，β 越小，影响力越大。

7.2 实证分析结果

7.2.1 变量描述

从被解释变量看，私人领域绿色发展行为均值为 3.818 6，高于中等层级，公共领域绿色发展行为均值为 2.367 6，稍低于中等层级，私人领域绿色发展行为明显高于公共领域绿色发展行为近 1 个层级。

从解释变量看，在影响绿色发展行为的 4 个主要因素中，环境意识均值最高，为 4.067 3，处于较高层级。其次为环境治理感知，均值为 3.932 1，均高于中等级水平。环境知识均值为 0.598 5，说明超过一半的受访者能够掌握正确的环境知识。环境风险感知均值为 2.233 6，低于中等层级，说明居民对周边环境满意度有待提高。

从控制变量看，年龄均值为 4.560 7，说明受访者年龄均较为成熟，普遍在 40～50 岁。性别和户口均值分别为 0.495 5 和 0.553 5，说明无论在性别还是户口上都大致平衡。政治面貌均值为 0.189 2，具有共产党员身份的受访者不到 20%。受教育程度均值为 2.301 4，受访者大多数具有高中以上文化程度。年均收入均值为 1.721 4，年收入在 3 万～5 万元，考虑到其他因素，这个数据可能相对保守。

各变量的描述统计如表 7.2 所示。

表 7.2 变量描述统计

变量		观测值	均值	中位数	标准差	最大值	最小值
被解释变量	pri	1120	3.8186	3.8333	0.7112	5	1.3333
	pub	1120	2.3676	2	1.3981	5	1
解释变量	pre	1120	2.2336	2	1.0166	5	1
	con	1120	4.0673	4	0.7846	5	1
	pro	1120	3.9321	4	0.7082	5	1
	kno	1120	0.5985	0.6363	0.3637	1	0
控制变量	age	1120	4.5607	5	1.8418	7	1
	sex	1120	0.4955	0	0.5002	1	0
	par	1120	0.1892	0	0.3919	1	0
	reg	1120	0.5535	1	0.4973	1	0
	edu	1120	2.3214	2	1.4073	1	0
	inc	1120	1.7214	1	1.0514	5	1

文中涉及的核心变量相关性如表 7.3 所示。整体来看，核心变量之间的相关系数在可控制范围内，绝大多数变量之间的相关系数在 0.3 以下，相关系数不存在超过 0.7 的变量，且主要变量之间的相关系数绝大部分都通过了显著性检验。

表 7.3 变量相关系数

变量	pri	pub	pre	con	pro	kno	age	sex	par	reg	edu	inc
pri	1											
pub	0.4618***	1										
pre	−0.0796***	0.2145***	1									
con	0.4104***	0.3492***	0.0741***	1								
pro	0.4719***	0.3703***	−0.1517***	0.5869***	1							
kno	0.4315***	0.5632***	0.2571***	0.6515***	0.4838***	1						
age	−0.1352***	−0.4956***	−0.4014***	−0.3325***	−0.1477***	−0.5693***	1					
sex	−0.0054	−0.0786***	−0.1440***	−0.0031	0.0130	−0.0487	0.1861*	1				
par	0.0795***	0.2219***	0.0944***	0.0676**	0.0589**	0.1608***	−0.1076***	0.0499*	1			
reg	−0.0510*	−0.1198***	−0.2177***	−0.1191***	−0.691***	−0.1981***	0.0823***	0.0530*	−0.1621***	1		
edu	0.1738***	0.5242***	0.4042***	0.3247***	0.1366***	0.5542***	−0.7350***	−0.1046***	0.3319***	−0.2442***	1	
inc	0.0562*	0.3117***	0.2237***	0.1705***	0.0915***	0.2966***	−0.2368***	0.0180	0.3731***	−0.2500***	0.4356***	1

注：作者根据问卷数据整理计算得到；*、**、***分别代表 10%、5%以及 1%的显著性水平。

7.2.2 估计结果

1）非正式环境规制对私人领域绿色发展行为的影响

M1 为基准 OLS 模型下的估计结果，环境风险感知、环境意识、环境治理感知、环境知识等对私人领域绿色发展行为具有显著影响，除环境意识在 10% 的水平显著，其余均在 1% 的水平显著。其中，环境风险感知系数为 -0.080 5，对私人领域绿色发展行为是负向影响，说明居民对周围环境风险感知越强烈，对个人绿色发展行为的约束越弱。环境意识、环境治理感知、环境知识的系数分别为 0.069 2、0.276 2、0.544 6，对私人领域绿色行为是正向影响。比较各类因素影响作用，环境知识对私人领域绿色行为的影响系数最大，说明知识的掌握更有利于良好的绿色发展行为，其次是环境治理感知，即政府的积极作为将显著影响居民的个人绿色行为。M2 为纳入更多控制变量调整下的估计结果，环境风险感知、环境意识、环境治理感知、环境知识等对私人领域绿色发展行为仍然具有显著影响。环境意识的显著性有所下降，从 5% 下降到 10%。从影响因素的系数变化看，系数有轻微调整，说明除了这四类影响因素外，其他因素会对私人领域绿色行为有影响，从而在一定程度上提高了影响系数估计结果的精确性。通过上述分析，假设 H_{51}、H_{61}、H_{71}、H_{81} 得到证实。

其他控制变量中，年龄对私人领域绿色行为的影响系数为 0.049 9，且在 1% 的水平显著，说明随着年龄的增长，阅历更丰富，更能有效约束自己的绿色发展行为。学历对私人领域绿色发展行为的影响系数为 0.047 7，在 5% 的水平显著，说明学历越高，接受环境知识能力越强，越容易形成对环境问题的基本判断，并采取相应的绿色发展行为。年收入对私人绿色发展行为的影响系数为 -0.047 1，在 5% 的水平显著，这表明在当前经济水平下，收入越高，越偏向享受各种生活便利，而忽略个人行为对绿色发展可能造成的损害。

2）非正式环境规制对公共领域绿色发展行为的影响

M3 为基准 OLS 模型下的估计结果，环境风险感知、环境意识、环境治理感知、环境知识等对公共领域绿色发展行为具有显著影响，且均在 1%

显著性水平。环境风险感知、环境治理感知、环境知识的影响系数分别为 0.173 8、0.419 6、0.922 0，为正向影响，环境意识影响系数为 -0.198 2，为负向影响。这与对私人领域绿色行为的影响有所区别。环境风险感知越强烈，居民更倾向向政府反映其环境诉求并采取行动，认为政府应该负担起相应的责任，而环境意识越强，居民对政府的诉求反而越低，更倾向采取私人领域绿色行为来改善环境。对比影响系数的大小，可以发现与私人领域绿色发展行为的结果相似，环境知识的影响作用最大，其次是环境治理感知对公共领域绿色发展行为影响作用较大。M4 为纳入更多控制变量调整下的估计结果，环境意识、环境治理感知、环境知识保持对公共领域绿色发展行为的显著影响，且均在 1% 显著性水平，环境风险感知的显著性有较大变化，没有明显的显著性。说明其他因素对公共领域的绿色行为有影响。这在一定程度上提高了影响系数估计结果的精确性。通过上述分析，假设 H_{62}、H_{72}、H_{82} 得到证实，假设 H_{52} 没有得到证实。

其他控制变量中，年龄对公共领域绿色发展行为的影响系数为 -0.113 3（$P<0.001$），这与私人领域绿色发展行为正好相反，说明年龄越大越不倾向向公共领域反映环境问题，而年龄越小，公共领域绿色发展行为诉求越大，同样存在这种公私领域绿色行为差异的还有"年收入"这一变量，年收入对公共领域绿色发展行为的影响系数为 0.110 0（$P<0.001$），说明收入越高，越倾向公共领域的绿色发展行为，并采取相应措施反映环境诉求。这从侧面反映出年轻一代或收入较高阶层更倾向通过参与有组织的环保宣传、参与环保活动、向政府提建议来改善周围环境。政治面貌对公共领域绿色行为的影响系数为 0.218 2（$P<0.05$），政治面貌对私人领域的绿色发展行为影响并不显著，说明党员相对非党员，更能通过正规的官方渠道获取相关环境方面的信息，并采取相应的行动来改善环境。学历对公共领域绿色发展行为的影响系数为 0.195 7（$P<0.001$），这与对私人领域绿色发展行为的影响相似，说明受教育程度对两个领域均有显著影响。

各估计结果如表 7.4 所示。

表 7.4 估计结果

变量	私人领域绿色发展行为				公共领域绿色发展行为			
	M1		M2		M3		M4	
pre	-0.0805***	(-3.97)	-0.0682***	(-3.22)	0.1738***	(4.41)	0.0363	(0.93)
con	0.0692**	(1.91)	0.0707*	(1.95)	-0.1982***	(-3.09)	-0.1983***	(-3.30)
pro	0.2762***	(7.63)	0.2730***	(7.59)	0.4196***	(6.40)	0.4779***	(7.65)
kno	0.5446***	(7.45)	0.6145***	(7.26)	1.9220***	(14.38)	1.1129***	(7.49)
age			0.0499***	(3.27)			-0.1133***	(-3.92)
sex			-0.0325	(-0.90)			-0.0627	(-0.96)
par			0.0538	(1.09)			0.2182**	(2.29)
reg			0.0272	(0.68)			0.1099	(1.62)
edu			0.0477**	(2.24)			0.1957***	(4.57)
inc			-0.0471**	(-2.42)			0.1100***	(2.86)
R^2	0.2904		0.3001		0.3488		0.4335	
F	114.89		49.05		167.14		97.92	

注：*、**、***分别代表10%、5%以及1%的显著性水平（下同）。

7.3 基于不同维度分样本的异质性分析

7.3.1 区域空间引致的异质性分析

本节考察4个主解释变量对绿色发展行为的影响，通常情况下会对三峡库区分区域进行比较研究，具体而言，分析库尾和库腹地区，将库腹地区赋值为1，库尾地区赋值为0。表7.5展示了OLS估计结果，其中M1和M2是测度对私人领域绿色发展行为的影响，M3和M4是测度对公共领域绿色发展行为的影响。M1和M3是库腹地区的样本，M2和M4是库尾地区的样本。

从私人领域绿色发展行为看,四类非正式环境规制影响系数的显著性水平有差异。库腹地区的环境治理感知和环境知识在 1% 的水平显著,而环境风险感知和环境意识则不显著;库尾地区的环境风险感知、环境意识、环境治理感知、环境知识对私人领域绿色发展行为的影响都显著,P 值分别为 5%、5%、1%、1%。从现实情况看,库尾地区是重庆经济、政治、文化的中心,其人口密度较高,其居民比库腹地区有更多获知环境信息的渠道,环境风险感知、环境意识、环境治理感知、环境知识等因素更能约束个人在环境领域的行为。从控制变量看,年龄对私人领域绿色发展行为的正向影响具有显著性,库腹和库尾的 P 值分别为 10% 和 1%。从政治面貌看,库腹地区在 5% 的水平显著,而库尾则不显著,说明库腹地区具有党员身份的居民在感知环境变化的同时比非党员更能采取良好的绿色行为。库腹地区的学历和收入因素同样具有显著性,这与库尾地区的不显著形成对比。

表 7.5 按区域空间划分样本的 OLS 估计结果

变量	私人领域绿色发展行为				公共领域绿色发展行为			
	M1(库腹)		M2(库尾)		M3(库腹)		M4(库尾)	
pre	−0.0404	−1.31	−0.0656**	−2.21	0.0350	0.65	0.0360	0.61
con	0.0607	1.21	0.1207**	2.10	−0.2799***	−3.42	−0.1314	−1.47
pro	0.3564***	6.72	0.2440***	5.07	0.5616***	6.58	0.3762***	3.94
kno	0.4936***	4.39	0.6284***	4.72	1.0637***	5.32	1.1989***	5.22
age	0.0383*	1.70	0.0615***	3.04	−0.1371***	−3.44	−0.0949**	−2.20
sex	0.0241	0.48	−0.0737	−1.43	0.1139	1.33	−0.2514**	−2.45
par	0.1517**	2.20	−0.0455	−0.64	0.3794***	2.83	0.1187	0.86
reg	−0.0429	−0.78	0.1084*	1.76	0.1563*	1.80	0.0503	0.46
edu	0.0657**	2.24	0.0260	0.88	0.1777***	2.96	0.1944**	3.07
inc	−0.0676**	−2.44	−0.0370	−1.36	0.1079**	2.05	0.1079*	1.93
观测值	607		513		607		513	
R^2	0.3141		0.3274		0.4310		0.4510	
F	28.21		28.21		49.77		53.59	

从公共领域绿色发展行为看，库腹地区的环境意识、环境治理感知和环境知识对绿色发展行为的影响均在 1% 的水平显著，库尾地区的环境治理感知和环境知识对绿色发展行为的影响在 1% 的水平显著。这与私人领域绿色发展行为的情况有所不同。比较而言，库腹地区居民对环境问题更倾向在公共领域采取行动，向各种组织或政府反映环境诉求，而库尾地区居民面对环境问题时更倾向通过约束个人行为来改善环境，在感受到政府治理措施效果和具备相应知识的前提下，会倾向公共领域的绿色行为。控制变量中，与私人领域绿色发展行为不同的是，年龄对公共领域绿色发展行为是负向影响，在 1% 水平显著，即年龄越小，越注重公共领域绿色发展行为。库尾地区性别对绿色发展行为是负向影响，在 5% 水平显著，即女性更关注公共领域绿色行为。政治面貌对绿色发展行为的影响中，库腹地区的显著性为 1%，而库尾地区则不显著，这一情况与私人领域绿色发展行为相似，说明库腹地区的党员居民在环境方面更约束自己的行为。教育和收入对公共绿色发展行为的影响在库腹地区和库尾地区均呈显著性，这与库尾地区私人领域绿色发展行为的不显著形成对比。

7.3.2 城乡差异引致的异质性分析

考虑到居住在城市和乡村的居民绿色发展行为的差异，对这两个区域进行异质性分析。当前城镇化背景下人口流动的频繁，仅仅依靠户口难以清晰判断居民的居住区域，因此在问卷中设计"您最近 1 年常住区域"，并提供城区、乡镇、农村三个选项，在问卷整理中，将常住城区赋值为 1、常住乡镇和农村赋值为 0 进行估计分析。表 7.6 展示了 OLS 估计结果，其中 M1 和 M2 是测度对私人领域绿色发展行为的影响，M3 和 M4 是测度对公共领域绿色发展行为的影响。M1 和 M3 是城区样本，M2 和 M4 是镇村样本。

从私人领域绿色发展行为看，环境风险感知、环境治理感知、环境知识对绿色发展行为的影响，无论从城区还是镇村的情况看都具有显著性，显著性分别为 5%、1%、1%，环境意识对绿色发展行为影响不显著。从控制变量看，年龄对绿色发展行为的正向影响在城区和镇村都具有显著性。在镇村，学历和收入对绿色发展行为影响分别在 10% 和 5% 水平显著，收入影响为负，这一结果的原因在前文已有分析。

从公共领域绿色行为看，城区的环境意识、环境治理感知、环境知识对绿色发展行为的影响均在 1% 的水平显著，镇村的环境治理感知、环境知识对绿色发展行为的影响在 1% 的水平显著。控制变量中，与私人领域绿色发展行为不同的是，年龄对公共领域绿色发展行为是负向影响，在城区和镇村的显著性分别为 5%、1%，即年龄越小，越注重公共领域绿色发展行为。关于政治面貌对绿色发展行为的影响，镇村的显著性为 5%，而城区则不显著。在城区，教育和收入对公共领域绿色发展行为是正向影响，显著性分别为 5%、1%；在镇村，教育对公共领域绿色发展行为的正向影响在 1% 的水平显著，而收入的影响则不显著。

表 7.6 按城乡划分样本的 OLS 估计结果

变量	私人领域绿色行为				公共领域绿色行为			
	M1（城区）		M2（镇村）		M3（城区）		M4（镇村）	
pre	-0.0639**	-2.18	-0.0728**	-2.37	0.2196	0.38	0.0515	-2.18
con	0.0633	1.20	0.0660	1.35	-0.2593***	-2.96	-0.1212	1.20
pro	0.32188***	6.40	0.2176***	4.28	0.5948***	6.72	0.3459***	6.40
kno	0.5897***	4.83	0.6440***	5.50	1.1926***	5.44	1.0259***	4.83
age	0.0387*	1.70	0.0526**	2.45	-0.1147**	-2.56	-0.1161***	1.70
sex	-0.1252	-2.38	0.0563	1.12	-0.0964	-0.93	-0.0278	-2.38
par	0.0861	1.47	-0.0226	-0.26	0.1246	1.00	0.3466**	1.47
reg	0.0524	0.92	0.0430	0.68	0.2152*	1.95	-0.0018	0.92
edu	0.0176	0.57	0.0597*	1.89	0.1611**	2.53	0.2215***	0.57
inc	-0.0368	-1.39	-0.0673**	-2.24	0.1459***	2.73	0.0894	-1.39
观测值	532		588		532		588	
R^2	0.3211		0.2602		0.3595		0.4411	
F	24.43		20.40		43.58		38.84	

7.4 稳健性检验

7.4.1 更换变量赋值方式

前文通过对研究样本进行分组的方式，细致考察了非正式环境规制对绿色发展行为的影响，其操作本身属于一种经典和通用的稳健性测试，在此基础上，进一步通过更换变量赋值方式和严格缩减样本重估再次进行稳健性检验。表7.7展示了OLS的估计结果。具体地，将受教育程度"硕士及以上""大学本科""大专/高职""中专/职高/高中""初中及以下"进一步划分为"初中及以下""中专/职高/高中""大专/高职""大学本科以上"四个层次，并分别赋值1~4。其中M1和M2为变更赋值方式下的估计结果，M1为私人领域绿色发展行为，M2为公共领域绿色发展行为。总的来说，变更赋值方式得到了与前文基本一致的研究结果，表明前文的研究结果是稳健的。

7.4.2 严格缩减样本重估

考虑到受访者年龄跨度较大，非正式环境规制作为一种潜在意识，需要经历一定时间和阅历来形成。因此，对于18岁以下的受访者来说，他们仍然处于受教育年龄，人生观、世界观尚不成熟，缺乏正确的环境判断，而在绿色行为中也较少具有主观性。对于60岁以上的受访者，他们的思想成熟于改革开放前，受年代影响较大，而我国关于环境治理工作成就与改革开放的发展密不可分。考虑到上述情况，为进一步增强本研究结果的稳定性以及降低模型估计结果的识别偏误，这里删除18岁以下和60岁以上的群体进行重新估计。具体结果如表7.7所示，其中M3和M4为严格缩减样本方式下的估计结果，M3为私人领域绿色发展行为，M4为公共领域绿色发展行为。总的来说，缩减样本方式也得到了与前文基本一致的研究结果，表明前文的研究结果是稳健的。

表 7.7 更换变量赋值方式、严格缩减样本重估的 OLS 估计结果

变量	更换变量赋值方式				严格缩减样本重估			
	M1（私人）		M2（公共）		M3（私人）		M4（公共）	
pre	-0.0681***	-3.19	0.0317	0.80	-0.7184***	-3.08	0.0461	1.04
con	0.0714**	1.97	-0.1971***	-3.28	0.0501	1.19	-0.2719***	-3.96
pro	0.2724***	7.58	0.4798***	7.68	0.3228***	7.81	0.5870***	8.29
kno	0.6187***	7.31	1.1066***	7.45	0.5783***	5.97	1.1026***	6.37
age	0.0457***	2.94	-0.1087***	-3.69	0.0548***	2.71	-0.0833**	-2.10
sex	-0.0322	-0.89	-0.0636	-0.97	-0.0420	-1.02	-0.1032	-1.30
par	0.0636	1.30	0.2337**	2.48	0.0036	0.07	0.2007	1.73
reg	0.0252	0.63	0.1150*	1.69	0.0164	0.36	0.1590*	1.92
edu	0.0391*	1.69	0.2108***	4.61	0.0586**	2.50	0.2270***	4.61
inc	-0.0433**	-2.25	0.1173***	3.08	-0.0359*	-1.70	0.1260***	2.95
观测值	1120		1120		859		859	
R^2	0.2989		0.4337		0.3326		0.3828	
F	48.51		97.71		45.71			

7.5 本章小结

本章主要分析非正式环境规制中的环境风险感知、环境意识、环境治理感知、环境知识对居民私人领域和公共领域绿色发展行为的影响效应，从而考察微观层面非正式环境规制对绿色发展的影响。得出如下结论：

（1）非正式环境规制在微观层面对绿色发展影响效应显著。从私人领域看，环境风险感知、环境意识、环境治理感知、环境知识对绿色行为的影响都显著，其中环境意识、环境治理感知、环境知识的系数分别为 0.070 7、0.273 0、0.641 5，对私人领域绿色发展行为是正向影响；环境风险感知系数为 -0.068 2，对私人领域绿色发展行为是负向影响。从公共领

域看,在加入控制变量后,环境风险感知的影响效应由显著变为不显著,环境意识、环境治理感知、环境知识的影响效应显著,其中环境治理感知、环境知识为正向影响效应,环境意识为负向影响效应。从控制变量看,年龄越大,越注重约束私人领域绿色发展行为,年龄越大,越倾向在公共领域反映环境诉求。学历越高,无论在私人领域还是公共领域,绿色发展行为影响显著且正向。具有党员身份,更倾向在公共领域采取绿色发展行为。收入越高,私人领域绿色发展行为约束越低,但在公共领域的绿色发展行为越活跃。

(2)不同区域非正式环境规制对绿色发展行为影响效应有区别。在私人领域,库尾地区非正式环境规制的四个因素对绿色发展行为的影响均显著,而库腹地区,仅环境治理感知和环境知识对绿色发展行为的影响显著。在公共领域,库腹地区的环境意识、环境治理感知、环境知识对绿色发展行为的影响显著,库尾地区的环境治理感知、环境知识对绿色发展行为的影响显著。在库腹地区,具有党员政治面貌在私人领域和公共领域的绿色发展行为都正向显著;但在库尾地区,这一影响在私人和公共领域的效应均不显著。

(3)城乡之间非正式环境规制对绿色发展行为影响效应有区别。在私人领域,城区和镇村的环境风险感知、环境治理感知、环境知识对绿色发展行为的影响均显著。在公共领域,城区的环境意识、环境治理感知、环境知识对绿色发展行为的影响均显著,镇村的环境治理感知、环境知识对绿色发展行为的影响均显著,镇村的环境意识对绿色发展行为的影响不显著。

8 环境规制促进三峡库区绿色发展的建议

前文研究结果表明，在近十几年的发展过程中，三峡库区的环境规制对绿色发展产生了重大影响，且这种影响会因为环境规制类型的差异、发展阶段的不同、区域的不同而产生不同的效果。基于此，要切实加快三峡库区绿色发展进程，必须顺应当前生态文明建设的发展大势，针对三峡库区的特殊区情提供旨在加快绿色发展的环境支持政策。

8.1 三峡库区绿色发展面临的新形势

8.1.1 生态文明建设进入深化阶段

绿色发展是生态文明建设的必然要求。2007年10月，党的十七大首次提出建设生态文明。2012年11月，党的十八大把生态文明建设纳入中国特色社会主义事业"五位一体"的总体布局，标志着我国生态文明建设进入深化发展阶段。2017年10月，党的十九大提出将建设生态文明提升为"千年大计"，将"美丽"纳入国家现代化目标之中。党的十九大报告对如何处理环境保护和经济发展的关系做出明确指示，提出"人与自然是生命共同体""树立和践行绿水青山就是金山银山的理念""像对待生命一样对待生态环境，统筹山水林田湖草系统治理，实行最严格的生态环境保护制度，形成绿色发展方式和生活方式，坚定走生产发展、生活富裕、生态良好的文明发展道路，建设美丽中国"，揭示出生态生产力是最根本、更富创造性的生产力，绿水青山能产生更多的经济效益。2017年12月，中央经济工作会议提出"中国特色社会主义进入了新时代，我国经济发展也进入了新时代，基本特征就是我国经济已由高速增长阶段转向高质量发展阶段"，生态经济建设是新时代高质量发展重要组成部分。2018年3月，《中华人民共和国宪法修正案》通过,"生态文明"写入宪法,"用最严格制度、最严密法治保护生态环境"成为全社会环境建设的共识。2018年4月,生态环境部正式挂牌,将有效解决长期以来生态环境建设领域存在的交叉重复、九龙治水、多头治理的现象。2018年5月召开的全国生态环境保护大会上,习近平总书记指出"保护生态环境就是保护生产力,改善生态环境就是发展生产力",强调"要构建以产业生态化和生态产业化为主体的生态经济体系"。2019年10月,党的十九届四中全会提出从生态保护和修复、生态环境保护、资源高效利用、生态环境保护责任等制度层面完善生态文明制度体系。从制度层面推动生态文明,促进绿色发展已成为全国共识。

8.1.2 长江经济带高质量发展战略加速推进

长江经济带发展战略要求生态优先、绿色发展。长江经济带横跨中国东中西三大区域,是具有全球影响力的内河经济带、东中西互动合作的协调发展带、沿海沿江沿边全面推进的对内对外开放带。2016年9月,《长江经济带发展规划纲要》确立了长江经济带的发展新格局,即"一轴、两翼、三极、多点"。2018年11月,中共中央、国务院明确要求充分发挥长江经济带横跨东中西三大板块的区位优势,以共抓大保护、不搞大开发为导向,以生态优先、绿色发展为引领,依托长江黄金水道,推动长江上中下游地区协调发展和沿江地区高质量发展。

三峡库区绿色发展是长江经济带建设绿色生态屏障的重要组成部分。2016年1月,习近平在重庆考察时指出,保护好三峡库区和长江母亲河,事关重庆长远发展,事关国家发展大局,强调要建设长江上游重要生态屏障。2016年1月5日,习近平在重庆主持召开的推动长江经济带发展座谈会上强调,推动长江经济带发展必须从中华民族长远利益考虑,把修复长江生态环境摆在压倒性位置,共抓大保护、不搞大开发,探索出一条生态优先、绿色发展新路子。2018年4月,习近平在深入推动长江经济带发展座谈会上提到,推动长江经济带发展,要逐步解决长江生态环境透支问题。2019年4月,习近平在重庆考察时指出,要深入抓好生态文明建设,坚持上中下游协同,加强生态保护与修复,筑牢长江上游重要生态屏障。2020年11月14日,习近平在南京会议上强调,要围绕当前制约长江经济带发展的热点、难点、痛点问题开展深入研究,找准问题症结,提出应对之策,确保一江清水绵延后世,惠泽人民。

8.1.3 后三峡时代安稳致富发展需求

三峡库区安稳致富的发展需求与绿色发展的目标一致。三峡库区经济基础薄弱,移民搬迁安置与经济结构调整、社会转型中的各种矛盾相交织。三峡工程论证长达数十年,其间国家对库区建设投入少,历史欠账多;在移民搬迁安置过程中,库区经济社会虽然取得了较大发展,但主要是恢复重建性质,经济发展水平整体偏低状况没有根本改变;库区产业发展滞后,加之土地贫瘠、水利设施不配套,部分移民生产生活恢复滞后于当地经济社会发展,部分群体就业和长远生计没有着落,是当前我国社会风险集中的敏感区域之一。库区产业结构和经济发展制约因素多,与全国经济社会同步发展差距较大,占全部移民任务 92.9% 的 12 个重点移民区县人均国内生产总值不到全国平均水平的 60%,城镇居民人均可支配收入比全国平均水平低 25%[1]。因此,统筹三峡库区经济发展与环境保护,让三峡库区走上绿色发展的道路,是解决库区可持续发展的内在需求。

8.2 促进三峡库区绿色发展的建议

8.2.1 完善环境规制政策顶层设计

完善三峡库区环境规制政策顶层设计是实现库区绿色发展的迫切需求。已出台的涉及三峡库区绿色发展的重要规划有《三峡库区后续工作规划》《三峡库区经济社会发展规划》以及各级土地利用总体规划、国民经济与社会发展规划、城乡建设规划、人口发展规划等。同时,现行考核制度偏重经济指标,对生态环境质量、生态产品生产能力建设等指标重视不够。因此,要从规划、考核层面保障库区的绿色发展。一是编制"三峡库区绿色发展建设规划",把修复长江生态环境摆在压倒性位置,统筹考虑水环境、水生态、水资源、水安全、水文化和岸线等多方面的有机联系,将三峡库区绿色发展的功能定位、主要目标和主要任务予以落实、细化,修编调整各级土地利用、国民经济与社会发展、人口等相关规划,切实做到三规合一,确保各类规划间充分衔接,解决现有各类规划不协调、不叠合问题,增强各项举措的关联性和耦合性。二是建立目标责任制与考核评价制度。将绿色发展的规模、质量及生产能力作为考核评价指标和政府重要责任,

---

[1] 参见《三峡工程后续工作总体规划》(2011)。

将考核评价结果作为政绩评价的重要依据，促进各级政府及干部维护和增强绿色发展能力的自觉性、主动性、积极性，保持历史耐力和战略定力，一张蓝图绘到底，一茬接着一茬干。三是强化公共财政的支撑作用。建立基于维护和增强绿色发展能力的公共财政支撑政策体系，建立并完善对三峡库区的生态补偿机制。

8.2.2 动态调整优化环境规制政策

环境规制的完善需要根据环境的不断变化进行动态调整和优化。早期，三峡工程建设和移民安置是库区的重点任务，环境规制要求主要围绕这两个方面开展，部分对环境造成的损害现象难以及时修复。随着三峡工程的结束和移民任务的完成，环境规制的目标从单纯的控污减排向建设和谐生态系统转化，即打造山水林田湖草生命共同体，实现绿色发展。正如习近平总书记强调的那样，作为长江上游重要生态屏障，保护好三峡库区和长江母亲河，事关重庆长远发展，事关国家发展全局。建设好长江上游生态屏障是三峡库区绿色发展重要组成部分，是当前三峡库区环境规制的主要目标。可以从以下几个方面入手：

第一，将三峡库区及长江上游作为一个整体纳入国家生态屏障进行统一规划和建设。按照国家生态文明建设的要求，统筹推进水土流失治理、国土整治、矿山生态恢复、退耕还林还草、天然林保护、湿地保护等重大生态工程。国家相关生态工程项目和资金向长江上游国家生态屏障区倾斜。继续实施退耕护林工程，对三峡库区石漠化严重地区的大于25度的陡坡耕地，全部实施退耕。

第二，继续控制污染排放。针对库区的农业面源污染、工业点源污染以及其他的流动污染源，从源头控制开始，采取各种技术手段如生态降解、系统过滤等方式控制污染排放，减轻入库污染的负荷。加大库区垃圾、污水设施的建设力度，提高污染排放的处理力度。针对库区区域化工围江问题，加大对化工企业建设的控制力度，对沿江其他工业企业也要积极推动关停并转，将污染控制在有限范围内。同时可以考虑废地经济建设，通过企业的易地搬迁和财政税收的共享，减轻企业搬迁对库区经济减少带来的压力；改变库区农业耕作方式，减少化肥农药施用量，转变生产生活方式。

第三，提升生态环境承载力，推动经济社会环境协调发展。加快人口向城镇的集中，将人类活动对库区的干扰控制在一定范围内；通过植树造林、水土保持、生态物种保护等措施，加快恢复库区的生态系统；通过岸线环境整治、消落带治理、生态修复等措施改善库区生态系统功能，建立库区陆生和水生生态系统的有机联系，建设山水林田湖草生命共同体，提升库区生态环境承载力，实现绿色发展。

8.2.3 优化不同环境规制工具组合

1）优化正式环境规制

从第5章和第6章的分析看出，在相关法律、法规等正式环境规制的作用下，三峡库区绿色发展向着好的方向发展，正式环境规制对绿色发展的主导作用明显。因此，继续优化完善正式环境规制框架体系对三峡库区可持续绿色发展具有重要意义，可以从以下三个方面加强：

第一，健全三峡库区生态环境保护法治体系。从生产、生活、生态领域完善库区环境保护体系，针对库区生产企业违法排污等问题，可以通过建立生态保护联合执法，通过公安、监察、审判等机关的信息共享、案情通报等方式，开展对环保违法行为的联合打击，开展环境保护的民事诉讼和行政公益诉讼等活动，加大制裁和处罚力度，让破坏生态环境付出相应代价。建立排污许可、碳排放权交易管理、资源综合利用的法律法规。

第二，健全生态环境保护经济政策体系。加大激励型环境规制的建设力度，通过财政补贴、税金优惠、绿色金融等措施，引资金向污染防治领域倾斜。建立绿色发展基金，保障环境资金的可持续性投入。积极向中央争取对重点生态功能区、生态保护红线区域等生态功能重要地区的转移支付，落实有利于三峡库区资源节约和生态环境保护的价格政策，推动库区特色产业发展。

第三，完善生态环境监管体系。改变九龙治水的环境治理现状，整合各个职能部门的生态环境保护职责，形成统一监督、统一执法的生态环境保护领导和管理体制。加强环境保护队伍尤其是基层队伍的能力建设，设置基层环境保护工作点；建立全流域一体化的生态环境监测网络，利用大数据功能，将库区生态环境的变化进行全面系统的反映。

2）加强非正式环境规制建设

从第7章的分析看，非正式环境规制在微观层面对个体的绿色发展行为具有很好的引导作用，也印证了非正式环境规制是正式环境规制的补充和作用发挥的保障。从非正式环境规制对绿色发展影响的几个因素看，强化非正式环境规制的制度建设应从以下几个方面入手：

第一，加强绿色发展相关理论教育。受教育程度对绿色发展具有正向促进作用，重视国民教育，提高公众的受教育程度，有助于提升经济主体环境保护意识，同时受教育程度越高，收入水平越高，也越有利于公众选择绿色的生活方式和消费方式。应充分利用教育平台，建立完善的库区生态环境教育体制。可尝试开设"三峡库区可持续绿色发展"课程，把爱护库区资源、保护库区环境的思想贯穿落实到中小学教育教学中。电视台、广播电台、报刊要开辟专门栏目，宣传倡导库区居民、企业节约行为，普及法律法规，增强库区居民和企业环保意识。

第二，加强家庭资源环境的国情教育，倡导绿色消费、适度消费理念。倡导环保节约的生活方式，以保护生态环境的准则约束个人日常行为，改变不符合绿色发展要求的生活行为与生活习惯。借助生态环境科普活动或宣传日活动向民众普及垃圾分类等具体环保常识。通过媒体宣传报道途径向大众传递生态环境信息，提升家庭及个人的"绿色消费"和"生态生活"观念，从而改变家庭传统的生活习惯和消费模式，进而倒逼企业采取绿色清洁生产方式，减少传统发展模式所带来的各种生态环境问题。

第三，建立并完善公众参与环境监督的制度。建立有效畅通的信息反馈机制和渠道，赋予公众直接向政府当局或规制机构提出建议或批评的权利，以及向环保、执法部门检举或控告排污企业的违法违规行为等的权利；当公众因环境污染造成损害而向污染责任者要求赔偿时，政府应给予公众所需的支持和保障。

8.2.4 建立环境规制区域协调机制

基于环境规制的空间溢出效应，在三峡库区绿色发展进程中要加强区域协同，尤其是环境规制与绿色发展的协同治理，主要包括以下几个方面：

第一，构建环境规制的区域联合治理协调制度，优化区域和行业间协调机制。建立环境规制的政策执行协调制度，开展区域之间环境保护联合行动，消除地区之间在环境政策执行中的壁垒现象。通过提高区域间环境政策的协调，开展各类排污权交易，制定适宜的补贴政策等，使地区之间的环境政策相互协调，同时鼓励不同地区的企业开展合作，联合攻关开展环境保护领域的技术创新。

第二，建设区域联动的环境规制网络，合理分配区域环境保护成本。根据"受益补偿"和"污染付费"的基本原则，设计环境保护的区域补偿机制，通过财政纵向或横向转移的方式，将生态环境保护成本在区域之间进行科学的再配置。促进财政税收制度的正向调节，建立区域协调的地方政府生态绩效考核机制，完善区域合作的政策协调和利益协调机制。在区域协调发展中寻找生态、经济、民生的利益平衡点，激发动力、积累财力，实现区域绿色可持续发展。

第三，健全跨区域生态环境信息共享机制。共享环境质量、污染排放以及污染治理技术、产业布局与规划、政策等信息；共建区域生态环境监测网络，库区相关上下游共同制定统一的监测质量管理体系；针对跨区域的环境污染事件以及区域性环境污染问题，共建预警会商和应急联动工作机制；针对可能对库区大气环境、水环境、生态环境产生重大影响的重点行业规划、园区建设规划和重大工程项目，实施全过程信息共享的环评会商制度。

8.2.5 探索生态产品价值实现路径

2020年11月14日，习近平总书记在南京会议重要讲话中指出"要加快建立生态产品价值实现机制"。生态产品价值实现是我国政府提出的一项创新性的战略措施和任务，是一项涉及经济、社会、政治等相关领域的系统性工程。生态资源同其他资源一样，是经济发展的重要基础，充分依托优势生态资源，将其转化为经济发展的动力，是三峡库区绿色发展实现的重要途径。三峡库区生态要素丰富，生态优势明显，林地、草地、湿地和生物多样性具有非常大的开发利用潜力，拥有较大的生态潜力空间，可以产生较好的生态效应、经济效应和社会效应，要加快三峡库区绿水青山转化成金山银山的步伐，探索多元化、市场化生态产品价值实现路径。

第一，健全环境资源的产权制度。形成市场化的生态环境公共产权规制模式，稳妥推进森林、荒地、滩涂、湿地、草地等自然资产确权登记，积极探索"三变改革"、自然资源资产化、股份化等生态资源价值实现的市场化路径和机制。

第二，完善碳排放权、排污权、水权、林票等交易方式，促进资源资产化、生态资本化，拓宽资金渠道。选择部分有条件的区县开展生态环境损害补偿制度改革试点。

第三，积极探索生态产业化发展模式。积极培育生态特色产业，发展生态旅游、康养产业、绿色高效生态农业、生物质能源、生物质材料、生物制药等循环经济、绿色经济、低碳经济，使其变成区域新的支柱产业和脱贫致富的重要收入来源，把长江上游重要生态屏障建设形成的生态生产力、生态效益产品转化为现实生产力和经济效益产品。

8.3 本章小结

通过上述章节分析，环境规制无论在宏观还是微观层面对绿色发展的影响效应均显著。当前，三峡库区绿色发展正面临生态文明建设进入深化阶段，面临长江经济带"共抓大保护、不搞大开发"等战略形势，三峡库区走怎样的绿色发展道路显得尤为重要。环境规制应在三峡库区绿色发展中起积极引导作用。在传统的正式环境规制主导作用下，非正式环境规制的作用应进一步凸显，需要从调整顶层设计、目标优化、制度构建等角度入手。此外，加强区域环境协同治理，加快推动生态产品价值实现，也应纳入环境规制的设计范畴，推动三峡库区绿色发展。

9 研究结论与展望

本章首先对研究结论进行归纳和总结,然后结合本研究的不足和当前三峡库区发展面临的形势,尤其是三峡库区经济社会中存在的绿色发展问题,对未来可以深化的研究方向进行了分析。

9.1 研究结论

本书在系统回顾既有研究基础上,以三峡库区环境规制为研究对象,构建了环境规制对绿色发展影响的理论分析框架,具体分别从宏观层面的正式环境规制、微观层面的非正式环境规制研究分析了对三峡库区绿色发展的影响效应。以此为基础,揭示了正式、非正式环境规制在不同阶段、不同区域对绿色发展影响的差异和内在机理,并进行了实证考察。最后,从环境规制促进绿色发展的视角,提出环境规制优化调整的思路和方向。主要研究结论如下:

第一,随着环境规制的日益加强,三峡库区绿色发展呈现出较好的发展态势。三峡库区环境治理成效逐渐凸显,库区整体环境规制强度由 2004 年的 0.658 0 逐步提高到 2018 年的 0.736 6,但在中期有小幅度降低。尤其是库腹地区的环境规制强度相比库尾地区增长幅度明显,体现出国家对长江沿岸环境治理的高度重视。三峡库区整体绿色发展水平呈现持续上升趋势,库尾地区绿色发展水平明显高于同时期的库腹地区,且从 2011 年开始,这一差距有逐步拉大的趋势。

第二,正式环境规制对三峡库区绿色发展效率的促进效应显著。环境规制的一次项系数为 4.659 2,显著性为 10%,环境规制二次项系数为 -0.553 4,显著性为 10%,环境规制与绿色发展效率之间呈倒 U 形曲线关系。环境规制对绿色发展效率的作用存在一个阈值,当三峡库区的环境规制强度小于阈值时，增强环境规制有利于提升绿色发展效率；当环境规制强度大于阈值时，环境规制对绿色发展效率的抑制作用占据主导。从空间效应看，环境规制一次项对本地区影响系数为 4.720 4，在 1% 的水平显著，环境规制对本地区绿色发展效率是正向影响，环境规制可提高本地区的绿色发展效率，且这一影响相对其他控制变量而言也最大，环境规制二次项对本地区绿色发展效率影响系数为 -0.561 3，在 1% 的水平显著。从间接效应看，环境规制一次项对本地区外的其他地区绿色发展效率具有负向溢出效应，环境规制二次项对本地区外的其他地区绿色发展效率具有正向溢出效应，但是间接效应均不显著。

第三，产业结构和城镇化在环境规制影响绿色发展效率过程中具有显著的调节作用。环境规制一次项与产业结构交互项的回归系数为 -0.204 0，在 10% 的水平显著，呈现较强的负向交互效应。这种负向交互效应在库腹和库尾地区依然显著。说明以高耗能高污染为主的低端产业结构不利于环境规制对绿色发展效率的正向影响。但是随着产业结构的优化，新型工业对低端工业的逐渐替代，产业结构的调节作用转为正向。城镇化在环境规制影响绿色发展效率过程中的调节作用总体为正向，但是库腹地区受工程建设和库区移民影响，早期城镇化主要体现为政策强制性，因此城镇化在环境规制影响绿色发展效率过程中的调节作用为负。从环境规制对三峡库区绿色发展影响的异质性分析可以看出，当经济发展到一定水平，单纯的经济增长和环境政策对区域绿色发展的影响作用在减弱，环境政策的设计更需要从调整结构、提升质量、增加转型内生动力、生态产品价值实现等方面入手，才能实现绿色发展的可持续。

第四，非正式环境规制对绿色发展行为影响效应显著。微观层面的绿色发展主要通过居民的绿色发展行为表现。非正式环境规制对私人领域和公共领域绿色发展行为的影响效应有差异。从私人领域看，环境风险感知、环境意识、环境治理感知、环境知识对绿色发展行为的影响都显著，其中环境意识、环境治理感知、环境知识的系数分别为 0.070 7、0.273 0、0.641 5，对绿色发展行为是正向影响，环境风险感知系数为 -0.068 2，对绿色发展行为是负向影响。从公共领域看，环境风险感知的影响效应由显著变为不显著，环境意识、环境治理感知、环境知识的影响效应显著，其中环境治理感知、环境知识为正向影响效应，环境意识为负向影响效应。同时，在异质性分析中发现，库腹地区与库尾地区、城乡之间非正式环境规制对绿色发展行为的影响也有区别。从控制变量看，年龄越小，越倾向公共领域的绿色发展行为，年龄越大，越倾向私人领域的绿色发展行为；具有党员身份，在公共领域的绿色发展行为更为积极，这一现象在库腹地区表现尤为明显。

第五，基于正式和非正式环境规制对三峡库区绿色发展的影响，以及环境规制影响效应存在的区域异质性、阶段性和工具差异性等特征，从环境规制角度提出五个方面的建议，以促进三峡库区绿色发展：进一步完善环境规制政策顶层设计，从规划、考核层面保障库区的绿色发展；动态调整优化环境政策，将三峡库区及长江上游作为一个整体纳入国家生态屏障进行统一规划和建设，控制污染排放，尤其是要控制农业面源污染，提升生态环境承载力；优化不同环境规制工具组合，在正式环境规制构建方面，健全三峡库区生态环境保护法治体系、健全生态环境保护经济政策体系、完善生态环境监管体系，在非正式环境规制构建方面，加强绿色发展相关理论教育，重视家庭资源环境的国情教育，完善和落实公众参与制度；建立环境规制的区域协调机制，建立健全区域利益平衡机制，加强区域合作互动，破除地方政府"本位"思想，健全跨区域生态环境信息共享机制；加快三峡库区绿水青山转化成金山银山的步伐，探索多元化、市场化生态产品价值实现路径。

9.2 不足与展望

本研究还存在不足，体现在：一是三峡库区地跨重庆、湖北两省市，在统计体系方面有差别，尤其是涉及地市一级数据体系更为复杂，因此考虑到数据的统一性，只将三峡库区重庆段作为研究对象，虽然重庆段人口、面积均占三峡库区85%以上，但没有全面覆盖库区所在湖北的4个区县，对研究的完整性来说仍然较为遗憾；二是研究时段选取三峡工程蓄水发电通航作为起点，没有反映三峡库区1993—2003年环境规制和绿色发展的变迁。三峡工程于1993年开始施工准备，1994年12月正式开工，研究区间为 2004—2018 年，主要是由于 1993—2003 年数据缺失较大，难以形成系统的数据集。三是本研究更多的是以数据层面反映的问题作分析，需要更多结合现实问题提出具有现实意义的对策建议。

三峡库区绿色发展是长江经济带"共抓大保护，不搞大开发"战略的重要试验田，三峡库区是典型的集工程、移民、生态于一体的复合区域，是长江流域的重要生态屏障，三峡库区的绿色发展将为我国大江大河的库区生态环境保护与绿色发展提供实践范本。未来可深化的研究方向主要包括以下几个方面：

第一，如何处理三峡库区经济社会发展和生态环境保护矛盾的研究。在农业领域，农业面源污染仍然是库区水污染的主要来源，库区沿江生态林建设面临补助低的现实困境，形成生态林与经果林争地现象，导致沿岸山脊"开天窗"，不利于水土保持。在工业领域，沿江化工类企业布局一直是长江沿岸生态环境问题的关键。据中央第四生态环境保护督察组反馈情况，库区范围内仍有少数化工、原料药生产等工业企业在沿江 5 公里范围内分布，部分区县化工项目离江不到 1 公里，部分企业废水废渣直排长江，导致长江上游流域生态环境风险"红灯"频现，折射出三峡库区现有工业体系的系统性、结构性和布局性矛盾。在生活领域，当前自然保护地体系建设过程中，库区出现多处违法建筑占地现象。诸多的现实问题，需要从制度层面加以规范引导，这对环境规制为主的政策体系建设提出了挑战，也是未来研究无法回避的现实问题。

第二，环境政策制定上如何协调三峡库区所在省市之间、上下游之间关系的研究。从全国层面看，三峡库区是全国最大的淡水资源库，具有重大的安全战略价值，可对上游来水进行较好调节，提高库区和长江中下游生产生活用水安全保障能力，优化中国跨流域水资源调配。从区域内部看，库区地跨重庆、湖北两省市，涉及 26 个区县，如何保护库区的生态环境，需要区域之间的协同，处理好地方与国家、地方内部之间的矛盾。近年来，关于流域之间利益的协调，我国通过生态补偿的方式进行了较好探索，自 2012 年安徽和浙江启动新安江流域生态补偿机制试点以来，全国各地积极探索流域生态补偿以协调上下游省市之间的关系。未来将会出现更多的市场化、多元化手段，这也是环境规制推动绿色发展的一个重要研究方向。

第三，如何在三峡库区构建现代环境治理体系的研究。2020年3月，中共中央办公厅、国务院办公厅印发《关于构建现代环境治理体系的指导意见》，为三峡库区绿色发展指明了方向。该意见指出，环境治理的现代化已经不同于农业文明、工业文明时代的环境治理，应该包含环境、经济、政治、文化、科技等多方面的融合。一是推动多源数据有效融合。目前关于三峡库区的数据还较为分散，存在部门之间、省市之间的数据壁垒，无法做到数据融通。实现三峡库区生态系统综合管理，要打通不同职能部门、不同行政层级间的数据壁垒，实现多元数据有效融合服务管理。二是开展三峡库区生态系统结构、过程、功能和服务的综合性、整体性研究，对重点生态区域、突出生态问题开展专题性研究。三是提供三峡库区整体性、综合性治理解决方案。通过加强顶层设计和统筹规划，绘出一张蓝图，规避区域、职能部门各自为政的分散规划带来的系统性风险，有效衔接库区发展、城镇化、产业发展、乡村振兴、资源配置和生态环境安全。

参考文献

[1] 秦奋. 日本环境宣言[J]. 国外法学, 1980（5）: 80-81.

[2] 王曦. 美国国家环境政策法和有关机构[J]. 法学评论, 1984（3）: 58-62.

[3] 江源. 中国城市环境管理的可持续发展对策——生活垃圾管理中新政策的可导入性分析[J]. 管理世界, 2002（2）: 65-73.

[4] 周富祥. 开展环境政策研究初探[J]. 环境污染与防治, 1982（6）: 33-34.

[5] 曲格平. 积极控制环境污染的发展[J]. 环境保护, 1986（7）: 4-5.

[6] 林定恕. 防治污染保护环境是客观经济规律的要求[J]. 重庆环境保护, 1980（4）: 8-11.

[7] 毛传新. 论可持续发展下的环境管理[J]. 世界经济文汇, 1998（6）: 36-39.

[8] 江珂, 卢现祥. 环境规制相对力度变化对FDI的影响分析[J]. 中国人口·资源与环境, 2011（12）: 46-51.

[9] 李怀政. 环境规制、技术进步与出口贸易扩张——基于我国28个工业大类VAR模型的脉冲响应与方差分解[J]. 国际贸易问题, 2011（12）: 130-137.

[10] 张中元, 赵国庆. FDI、环境规制与技术进步——基于中国省级数据的实证分析[J]. 数量经济技术经济研究, 2012, 29（4）: 19-32.

[11] 王锋正, 郭晓川. 环境规制强度对资源型产业绿色技术创新的影响——基于2003—2011年面板数据的实证检验[J]. 中国人口·资源与环境, 2015, 25（S1）: 143-146.

[12] 张志强. 环境规制提高了制造业产业链前沿技术的吸收能力吗[J]. 经济理论与经济管理, 2016（8）: 89-101.

[13] 涂正革, 周涛, 谌仁俊, 等. 环境规制改革与经济高质量发展——

基于工业排污收费标准调整的证据[J]. 经济与管理研究，2019，40（12）：77-95.

[14] 林春艳，宫晓蕙，孔凡超. 环境规制与绿色技术进步：促进还是抑制——基于空间效应视角[J]. 宏观经济研究，2019（11）：131-142.

[15] 李婉红. 排污费制度驱动绿色技术创新的空间计量检验——以29个省域制造业为例[J]. 科研管理，2015，36（6）：1-9.

[16] 薄文广，徐玮，王军锋. 地方政府竞争与环境规制异质性：逐底竞争还是逐顶竞争?[J]. 中国软科学，2018（11）：76-93.

[17] 屈小娥. 异质型环境规制影响雾霾污染的双重效应[J]. 当代经济科学，2018，40（6）：26-37，127.

[18] 刘明广. 环境规制、政府科技资助对企业绿色创新的影响研究[J]. 经济论坛，2019（7）：21-29.

[19] 秦炳涛，葛力铭. 相对环境规制、高污染产业转移与污染集聚[J]. 中国人口·资源与环境，2018，28（12）：52-62.

[20] Pargal S, Wheeler D. Informal regulation of industrial pollution in developing countries: Evidence from indonesia[J]. Journal of Political Economy, 1996, 104(6): 1314-1327.

[21] Kathuria V, Stemer T. Monitoring and enforcement: Is two-tier regulation robust? A case study of Ankleshwar, India[J]. Ecological Economics, 2006, 57(3): 477-493.

[22] Kathuria V. Informal regulation of pollution in a developing country: Evidence from India[J]. Ecological Economic, 2007(63): 403-417.

[23] 傅京燕. 产业特征、环境规制与大气污染排放的实证研究——以广东省制造业为例[J]. 中国人口·资源与环境，2009，19（2）：73-77.

[24] 赵玉民，朱方明，贺立龙. 环境规制的界定、分类与演进研究[J]. 中国人口·资源与环境，2009，19（6）：85-90.

[25] 徐圆. 源于社会压力的非正式性环境规制是否约束了中国的工业污染?[J]. 财贸研究，2014，25（2）：7-15.

[26] 原毅军，谢荣辉. 环境规制的产业结构调整效应研究——基于中国省际面板数据的实证检验[J]. 中国工业经济，2014（8）：57-69.

[27] 周海华，王双龙. 正式与非正式的环境规制对企业绿色创新的影响

机制研究[J]. 软科学, 2016, 30（8）: 47-51.

[28] Cole M A, Elloptt R J, Fredrikssom P G. Endogenous pollution havens: Does FDI influence environmental regulations?[J]. Scandinavian Journal of Economics, 2006(1): 157-178.

[29] Pearce D, Palmer C. Public and private spending for environmental protection: A cross-country policy analysis[J]. Fiscal Studies, 2001, 22(4): 403-456.

[30] 张成, 于同申, 郭路. 环境规制影响了中国工业的生产率吗——基于 DEA 与协整分析的实证检验[J]. 经济理论与经济管理, 2010（3）: 11-17.

[31] Javorcik B S, Wei S J. Pollution havens and foreign direct investment: Dirty secret or popular myth?[M]. The BE Journal of Economic Analysis & Policy, 2003.

[32] 傅京燕, 李丽莎. 环境规制、要素禀赋与产业国际竞争力的实证研究[J]. 管理世界, 2010（10）: 87-98.

[33] 宋琳, 吕杰. 基于 Theil 指数的中国环境规制强度区域差异测度[J]. 山东社会科学, 2017（7）: 140-144.

[34] 杨喆, 许清清, 徐保昌. 环境规制强度与工业结构绿色转型——来自山东省工业企业的经验证据[J]. 山东大学学报（哲学社会科学版）, 2018（6）: 112-120.

[35] 杨振兵, 马霞, 蒲红霞. 环境规制、市场竞争与贸易比较优势——基于中国工业行业面板数据的经验研究[J]. 国际贸易问题, 2015（3）: 65-75.

[36] 纪建悦, 张懿, 任文菡. 环境规制强度与经济增长——基于生产性资本和健康人力资本视角[J]. 中国管理科学, 2019, 27（8）: 57-65.

[37] 陈德敏, 张瑞. 环境规制对中国全要素能源效率的影响——基于省际面板数据的实证检验[J]. 经济科学, 2012（4）: 49-65.

[38] 程都, 李钢. 环境规制强度测算的现状及趋势[J]. 经济与管理研究, 2017, 38（8）: 75-85.

[39] 全禹澄, 李志青. 寻找合适的环境规制强度指标——基于中国排污收费政策的视角[J]. 环境经济研究, 2020, 5（1）: 56-77.

[40] Greenstone M. The impacts of environmental regulations on industrial activity: Evidence from the 1970 and 1977 clean air act amendments and the census of manufactures[J]. Journal of Political Economy, 2002, 110(6): 1175-1219.

[41] Kahn M E, Mansur E T. Do local energy prices and regulation affect the geographic concentration of employment?[J]. Journal of Public Economics, 2013, 101(5): 105-114.

[42] 李树, 陈刚. 环境管制与生产率增长——以 APPCL2000 的修订为例[J]. 经济研究, 2013, 48（1）: 17-31.

[43] 崔立志, 常继发. 非正式环境规制的就业效应研究——基于空间面板杜宾模型的实证分析[J]. 广西财经学院学报, 2018, 31（5）: 45-57.

[44] 李梦欣, 任保平. 中国特色绿色发展道路的阶段性特征及其实现的路径选择[J]. 经济研究参考, 2019（22）: 104-113.

[45] 王勇. 绿色发展理论内涵、评估方法及策略路径研究回顾与展望[J]. 环境与可持续发展, 2020, 45（1）: 37-43.

[46] 王兵, 刘光天. 节能减排与中国绿色经济增长——基于全要素生产率的视角[J]. 中国工业经济, 2015（5）: 57-69.

[47] 傅志寰, 宋忠奎, 陈小寰, 等. 我国工业绿色发展战略研究[J]. 中国工程科学, 2015, 17（8）: 16-22.

[48] 黄娟, 贺青春, 高凌云. 绿色消费: 我国实现绿色发展的引擎——十六大以来中国共产党关于绿色消费的重要论述[J]. 毛泽东思想研究, 2011, 28（4）: 93-96.

[49] 李慧明, 刘倩. "深绿色消费"——基于循环经济的绿色消费[J]. 生态经济, 2008（1）: 79-81, 105.

[50] 方时姣. 绿色经济视野下的低碳经济发展新论[J]. 中国人口·资源与环境, 2010, 20（4）: 8-11.

[51] 邓远建, 张陈蕊, 袁浩. 生态资本运营机制: 基于绿色发展的分析[J]. 中国人口·资源与环境, 2012, 22（4）: 19-24.

[52] 陈凯. 绿色消费模式构建及政府干预策略[J]. 中国特色社会主义研究, 2016（3）: 86-91.

[53] 曹东, 赵学涛, 杨威杉. 中国绿色经济发展和机制政策创新研究

[J]. 中国人口·资源与环境, 2012, 22 (5): 48-54.

[54] 王玉庆. 我国实现绿色发展的关键问题[J]. 经济研究参考, 2013 (1): 70-72.

[55] 王永芹. 当代中国绿色发展观研究[D]. 武汉: 武汉大学, 2014.

[56] 刘学敏, 张生玲. 中国企业绿色转型: 目标模式、面临障碍与对策[J]. 中国人口·资源与环境, 2015, 25 (6): 1-4.

[57] 郝栋. 绿色发展道路的哲学探析[D]. 北京: 中共中央党校, 2012.

[58] 高赢. 中国八大综合经济区绿色发展绩效及其影响因素研究[J]. 数量经济技术经济研究, 2019, 36 (9): 3-23.

[59] 吴传清, 黄磊. 长江经济带工业绿色发展效率及其影响因素研究[J]. 江西师范大学学报(哲学社会科学版), 2018, 51 (3): 91-99.

[60] 李爽, 周天凯, 樊琳梓. 长江经济带城市绿色发展及影响因素分析[J]. 统计与决策, 2019, 35 (15): 121-125.

[61] 罗敏讷. 长江中游城市群绿色发展的路径选择[J]. 社会科学动态, 2018 (11): 49-50.

[62] 张欢, 罗畅, 成金华, 等. 湖北省绿色发展水平测度及其空间关系[J]. 经济地理, 2016, 36 (9): 158-165.

[63] 傅京燕, 原宗琳, 曾翱. 中国区域生态效率的测度及其影响因素分析[J]. 产经评论, 2016, 7 (6): 85-97.

[64] 袁文华, 李建春, 刘呈庆, 等. 城市绿色发展评价体系及空间效应研究——基于山东省17地市时空面板数据的实证分析[J]. 华东经济管理, 2017, 31 (5): 19-27.

[65] 田金平, 臧娜, 许杨, 等. 国家级经济技术开发区绿色发展指数研究[J]. 生态学报, 2018, 38 (19): 7082-7092.

[66] 向书坚, 郑瑞坤. 中国绿色经济发展指数研究[J]. 统计研究, 2013, 30 (3): 72-77.

[67] 李琳, 楚紫穗. 我国区域产业绿色发展指数评价及动态比较[J]. 经济问题探索, 2015 (1): 68-75.

[68] 王兵, 黄人杰. 中国区域绿色发展效率与绿色全要素生产率: 2000—2010——基于参数共同边界的实证研究[J]. 产经评论, 2014, 5 (1): 16-35.

[69] Li K, Song M. Green development performance in China: A

metafrontier non-radial approach[J]. Sustainability, 2016, 8(3).

[70] 杨志江，文超祥. 中国绿色发展效率的评价与区域差异[J]. 经济地理，2017, 37（3）: 10-18.

[71] 罗宣，金瑶瑶，王翠翠. 转型升级下资源型城市绿色发展效率研究——以中部地区为例[J]. 西南交通大学学报（社会科学版），2017, 18（6）: 77-83.

[72] 李静，倪冬雪. 中国工业绿色生产与治理效率研究——基于两阶段SBM网络模型和全局Malmquist方法[J]. 产业经济研究，2015（3）: 42-53.

[73] 黄磊，吴传清. 长江经济带城市工业绿色发展效率及其空间驱动机制研究[J]. 中国人口·资源与环境，2019, 29（8）: 40-49.

[74] 吕小明，黄森. 碳排放约束下中国旅游业绿色发展效率研究——基于修正三阶段DEA模型[J]. 技术经济与管理研究，2017（4）: 8-13.

[75] 刘健，刘鸿福，姚西龙. 我国煤炭产业绿色发展效率研究[J]. 工业技术经济，2015, 34（10）: 145-150.

[76] Barbera A J, McConnell V D. The impact of environmental regulations on industry productivity: Direct and indirect effects[J]. Journal of Environmental Economics & Management, 1990, 18(1): 50-65.

[77] Shadbegian R J, Gray W B. Pollution abatement expenditures and plant-level productivity: A production function approach[J]. Ecological Economics, 2005, 54 (2-3): 196-208.

[78] Porter M E, Linde C V D. Toward a new conception of the environment-competitiveness relationship[J]. Journal of Economic Perspective, 1995, 9 (4): 97-118.

[79] Jorgenson D W, Wilcoxen P J. Environmental regulation and U. S. economic growth[J]. The Rand Journal of Economics, 1990(21): 314-340.

[80] Dean T J, Brown R L. Pollution regulation as a barrier to new firm entry: Initial evidence and implications for future research[J]. Academy of Management Journal, 1995, 38(1): 288-303.

[81] Heranandez S F, Picazo T A. Reig-Martinez E. Efficiency and environmental regulation[J]. Environmental & Resource Economics,

2000, 15(4): 365-378.

[82] Chintrakarn P. Environmental regulation and US states' technical inefficiency[J]. Economics letters, 2008, 100(3): 363-365.

[83] 叶祥松, 彭良燕. 我国环境规制的规制效率研究——基于 1999—2008 年我国省际面板数据[J]. 经济学家, 2011（6）: 81-86.

[84] 李玉楠, 李廷. 环境规制、要素禀赋与出口贸易的动态关系——基于我国污染密集产业的动态面板数据[J]. 国际经贸探索, 2012, 28（1）: 34-42.

[85] 谢众, 张先锋, 卢丹. 自然资源禀赋、环境规制与区域经济增长[J]. 江淮论坛, 2013（6）: 61-67.

[86] 李春米, 魏玮. 中国西北地区环境规制对全要素生产率影响的实证研究[J]. 干旱区资源与环境, 2014, 28（2）: 14-19.

[87] 黄清煌, 高明. 环境规制对经济增长的数量和质量效应——基于联立方程的检验[J]. 经济学家, 2016（4）: 53-62.

[88] Brunnermeier S B, Cohen M A. Determinants of environmental innovation in US manufacturing industries[J]. Journal of Environmental Economics and Management, 2003, 45(2): 278-293.

[89] Hamamoto M. Environmental regulation and the productivity of Japanese manufacturing industries[J]. Resource & Energy Economics, 2006, 28(4): 299-312.

[90] Azevedo D, Adalberto M M, Pereiea N M. Environmental regulation and innovation in high-pollution industries: A case study in a Brazilian refinery[J]. International Journal of Technology Management & Sustainable Development, 2010, 9(2): 133-148.

[91] Francesco T, Fabio I, Marco F. The effect of environmental regulation on firms' competitive performance: The case of the building & construction sector in some EU regions[J]. Journal of Environmental Management, 2011, 92(9): 2136-2144.

[92] 马海良, 黄德春, 姚惠泽. 环境规制能刺激生产率增长吗?——来自中国三大经济区域的实证研究[J]. 中国科技论坛, 2011（12）: 105-110.

[93] 宋马林, 王舒鸿. 环境规制、技术进步与经济增长[J]. 经济研究,

2013，48（3）：122-134.

[94] 范庆泉，周县华，刘净然. 碳强度的双重红利：环境质量改善与经济持续增长[J]. 中国人口·资源与环境，2015，25（6）：62-71.

[95] 蒋为. 环境规制是否影响了中国制造业企业研发创新？——基于微观数据的实证研究[J]. 财经研究，2015，41（2）：76-87.

[96] 刘和旺，向昌勇，郑世林. "波特假说"何以成立：来自中国的证据[J]. 经济社会体制比较，2018（1）：54-62.

[97] Gale A B, John D M. The impact of environmental constraints on productivity improvement in integrated paper plants[J]. Journal of Environmental Economics & Management, 1999, 38(2): 121-142.

[98] Urpelainen J. Frontrunners and laggards: The strategy of environmental regulation under uncertainty[J]. Environmental & Resource Economics, 2011, 50(3): 325.

[99] 熊艳. 基于省际数据的环境规制与经济增长关系[J]. 中国人口·资源与环境，2011，21（5）：126-131.

[100] 蒋伏心，王竹君，白俊红. 环境规制对技术创新影响的双重效应——基于江苏制造业动态面板数据的实证研究[J]. 中国工业经济，2013（7）：44-55.

[101] 杜运苏. 环境规制影响我国制造业竞争力的实证研究[J]. 世界经济研究，2014（12）：71-76，86.

[102] 张晓莹. 环境规制对中国污染产业贸易竞争力影响机理研究[J]. 经济与管理评论，2015，31（3）：38-45.

[103] 袁永科，任旭东，迟远英. 环境规制对中国能源产业清洁产出的反向U型影响分析[J]. 山西财经大学学报，2015，37（8）：63-77.

[104] 孙英杰，林春. 试论环境规制与中国经济增长质量提升——基于环境库兹涅茨倒U型曲线[J]. 上海经济研究，2018（3）：84-94.

[105] 张彦春，王孟钧，戴若林. 三峡库区水环境安全分析与战略对策[J]. 长江流域资源与环境，2007（6）：801-804.

[106] 张艳芳，才惠莲. 三峡库区水环境生态补偿的法律思考[J]. 生态经济，2011（12）：188-190.

[107] 刘远新，吴炳方，张华忠，等. 三峡库区农村移民的环境意识浅析[J]. 长江流域资源与环境，2011，20（3）：347-351.

[108] 周鹏飞, 沈洋, 郑景丽. 三峡库区重庆段农业绿色全要素生产率测度及影响因素研究——基于 2009—2018 年数据[J]. 重庆师范大学学报（自然科学版）, 2020（3）: 1-12.

[109] 陈卫. 强化环境风险全程监管 保障三峡库区环境安全[J]. 环境保护, 2014, 42（4）: 72-73.

[110] 任卓, 何家军. 基于生态足迹的三峡库区人口环境容量分析[J]. 统计与决策, 2013（17）: 112-114.

[111] 冉洪术. 三峡库区生态绿色发展路径浅析[J]. 重庆行政, 2019, 20（3）: 76-77.

[112] 胡江霞. 三峡库区产业发展空间分布特征研究[J]. 唐山学院学报, 2015, 28（6）: 68-71.

[113] 黄磊, 吴传清, 文传浩. 三峡库区环境——经济—社会复合生态系统耦合协调发展研究[J]. 西部论坛, 2017, 27（4）: 83-92.

[114] 顾晋饴, 刘培, 李岱远, 等. 三峡库区生态环境与经济协调发展时空演变特征[J]. 三峡生态环境监测, 2019, 4（1）: 22-30.

[115] 黄娟, 刘玥. 三峡库区农业生态效率测度及其影响因素分析[J]. 统计与决策, 2018, 34（7）: 123-127.

[116] 邵蕾. 后三峡时期三峡库区可持续发展研究[D]. 武汉: 武汉大学, 2013.

[117] 朱光福, 周超, 赵军峰. 新时代库区高质量发展的新难题和破解路径——以长江三峡库区为例[J]. 西部论坛, 2020, 30（1）: 90-99.

[118] 解亚丽, 柯小玲, 闵园园, 等. 基于超效率 DEA 模型的三峡库区生态效率评价及空间演化格局分析[J]. 中国环境管理, 2020, 12（1）: 113-120.

[119] 孙玉阳, 宋有涛, 李皓芯, 等. 中国环境规制领域研究热点及进展分析——基于 CiteSpace 和 SPSS 图谱量化分析[J]. 干旱区资源与环境, 2019, 33（11）: 135-142.

[120] 诺思. 制度、制度变迁与经济绩效[M]. 刘守英, 等, 译. 上海: 上海人民出版社, 1994.

[121] 任保平. "中国发展的政治经济学"理论体系构建研究[J]. 中国高校社会科学, 2016（6）: 12-18, 153.

[122] 习近平. 决胜全面建成小康社会 夺取新时代中国特色社会主义伟

大胜利[N]. 人民日报, 2017-10-28 (001).

[123] 中共中央宣传部. 习近平总书记系列讲话重要读本(2016年版)[M]. 北京：人民出版社, 2016.

[124] 中共中央文献研究室. 习近平关于社会主义生态文明建设论述摘编[M]. 北京：中央文献出版社, 2017.

[125] 王晓楠. "公"与"私"：中国城市居民环境行为逻辑[J]. 福建论坛（人文社会科学版）, 2018 (6)：141-150.

[126] Kaiser F G, et al. Ecological behavior and its environmental consequences: A life cycle assessment of a self-report measure[J]. Journal of Environmental Psychology, 2003(1): 11-20.

[127] Stern P C. Understanding individuals' environmentally significant behavior[J]. Environmental Law Reporter News & Analysis, 2005, 10: 785-790.

[128] 洪大用, 范叶超, 肖晨阳. 检验环境关心量表的中国版（CNEP）——基于CGSS2010数据的再分析[J]. 社会学研究, 2014, 29 (4)：49-72, 243.

[129] 卢春天, 洪大用. 公众评价政府环保工作的影响因素模型探索[J]. 社会科学研究, 2015 (2)：108-115.

[130] 王玉君, 韩冬临. 经济发展、环境污染与公众环保行为——基于中国CGSS2013数据的多层分析[J]. 中国人民大学学报, 2016, 30 (2)：79-92.

[131] 王薪喜, 钟杨. 中国城市居民环境行为影响因素研究——基于2013年全国民调数据的实证分析[J]. 上海交通大学学报（哲学社会科学版）, 2016, 24 (1)：69-80.

[132] 陈柏良. 制度传导的一般理论：机制、效应和路径[J]. 宜宾学院学报, 2013, 13 (3)：64-70.

[133] Keefer P M, Shirley. Forthcoming: Privatization in transition economics: Politics as usual?[A]//Haggard S, M McCubbins (eds.). Structure and policy in presi-dential democracies[C]. Cambridge: Cambridge University Press, 1998.

[134] 王奎峰, 李娜. 基于AHP和GIS耦合模型的山东半岛地质环境承载力评价[J]. 中国人口·资源与环境, 2015, 25 (S1)：224-227.

[135] 王丽萍, 李淑琴. 资源环境承载力研究进展[J]. 资源开发与市场, 2018, 34（5）: 644-648.

[136] Pigou AC. The economics of welfare[M]. London: Macmillan, 1932.

[137] Coase R H. The problem of social cost[J]. Journal of Law and Economics, 1960(10): 1-44.

[138] 陈雯. 空间均衡的经济学分析[M]. 北京: 商务印书馆, 2008.

[139] Blackman A, Kildegaard A. Clean technological change in developing-country industrial clusters: Mexican leather tanning[J]. Environmental Economics and Policy Studies, 2010, 12(3): 115-132.

[140] 尤济红, 高志刚. 政府环境规制对能源效率影响的实证研究——以新疆为例[J]. 资源科学, 2013, 35（6）: 1211-1219.

[141] 张子龙, 王开泳, 陈兴鹏. 中国生态效率演变与环境规制的关系——基于SBM模型和省际面板数据估计[J]. 经济经纬, 2015, 32(3): 126-131.

[142] 李光勤, 刘莉. 环境规制、财政分权与中国绿色经济效率[J]. 华东经济管理, 2018, 32（1）: 39-45.

[143] 刘和旺, 左文婷. 环境规制对我国省际绿色全要素生产率的影响[J]. 统计与决策, 2016（9）: 141-145.

[144] Goldar B, Banerjee N. Impact of informal regulation of pollution on water quality in rivers in India[J]. Journal of Environmental Management, 2004, 73(2): 117-130.

[145] 沈能. 环境效率、行业异质性与最优规制强度——中国工业行业面板数据的非线性检验[J]. 中国工业经济, 2012（3）: 56-68.

[146] 李玲, 陶锋. 中国制造业最优环境规制强度的选择——基于绿色全要素生产率的视角[J]. 中国工业经济, 2012（5）: 70-82.

[147] 张华, 魏晓平. 绿色悖论抑或倒逼减排——环境规制对碳排放影响的双重效应[J]. 中国人口·资源与环境, 2014, 24（9）: 21-29.

[148] 任胜钢, 蒋婷婷, 李晓磊, 等. 中国环境规制类型对区域生态效率影响的差异化机制研究[J]. 经济管理, 2016, 38（1）: 157-165.

[149] 魏和清, 李颖. 我国绿色发展指数的空间分布及地区差异探析——基于探索性空间数据分析法[J]. 当代财经, 2018（10）: 3-13.

[150] 车磊, 白永平, 周亮, 等. 中国绿色发展效率的空间特征及溢出分

析[J]. 地理科学, 2018, 38（11）: 1788-1798.

[151] 滕堂伟, 孙蓉, 胡森林. 长江经济带科技创新与绿色发展的耦合协调及其空间关联[J]. 长江流域资源与环境, 2019, 28（11）: 2574-2585.

[152] 刘佳骏, 董锁成, 李宇. 产业结构对区域能源效率贡献的空间分析——以中国大陆 31 省（市、自治区）为例[J]. 自然资源学报, 2011, 26（12）: 1999-2011.

[153] 韩永辉, 黄亮雄, 王贤彬. 产业结构优化升级改进生态效率了吗?[J]. 数量经济技术经济研究, 2016, 33（4）: 40-59.

[154] 于斌斌, 金刚, 程中华. 环境规制的经济效应:"减排"还是"增效"[J]. 统计研究, 2019, 36（2）: 88-100.

[155] 王宝义, 张卫国. 中国农业生态效率的省际差异和影响因素——基于 1996—2015 年 31 个省份的面板数据分析[J]. 中国农村经济, 2018（1）: 46-62.

[156] 马骏, 王雪晴. 长江经济带工业环境效率差异及其影响因素——基于超效率 DEA-Malmquist-Tobit 模型[J]. 河海大学学报（哲学社会科学版）, 2017, 19（3）: 49-54, 92.

[157] 师博, 沈坤荣. 城市化、产业集聚与 EBM 能源效率[J]. 产业经济研究, 2012,（6）: 10-16, 67.

[158] 罗能生, 李佳佳, 罗富政. 中国城镇化进程与区域生态效率关系的实证研究[J]. 中国人口·资源与环境, 2013（11）: 53-60.

[159] 郑慧, 贾珊, 赵昕. 新型城镇化背景下中国区域生态效率分析[J]. 资源科学, 2017, 39（7）: 1314-1325.

[160] 谢秋皓, 杨高升. 新型城镇化背景下中国区域绿色发展效率测算[J]. 统计与决策, 2019, 35（24）: 132-136.

[161] 孙岩, 宋金波, 宋丹荣. 城市居民环境行为影响因素的实证研究[J]. 管理学报, 2012, 9（1）: 144-150.

[162] 龚文娟, 杜兆雨. 知行合一?从环境问题感知到环境友好行为——环境知识、媒体使用与非正式网络沟通的调节作用[J]. 中国地质大学学报（社会科学版）, 2019, 19（4）: 72-83.

[163] Schlegelmilch B B, Bohlen G M, Diamantopoulos Adamantios. The link between green purchasing decisions and measures of

environmental consciousness[J]. European journal of marketing, 1996, 30(5): 35-55.

[164] Barr S. Strategies for sustainability citizens and responsible environmental behavior[J]. Area, 2003, 35(3): 227-240.

[165] 聂伟. 环境认知、环境责任感与城乡居民的低碳减排行为[J]. 科技管理研究, 2016, 36 (15): 252-256.

[166] 彭远春, 毛佳宾. 行为控制、环境责任感与城市居民环境行为——基于2010CGSS数据的调查分析[J]. 中南大学学报(社会科学版), 2018, 24 (1): 143-149.

[167] Putnam R D. Bowling alone: The collapse and revival of American community[C]// ACM Conference on Computer Supported Cooperative Work. ACM, 2000.

[168] Chan R Y K, Lau L B Y. Explaining green purchasing behavior: A cross-cultural study on American and Chinese consumer[J]. Journal of International Consumer Marketing, 2001, 14(2-3): 9-40.

[169] 任莉颖. 环境保护中的公众参与[M]. 北京: 华夏出版社, 2002.

[170] Hadler M, Haller M. Global activism and nationally driven recycling: The influence of world society and national contexts on public and private environmental behavior[J]. International Sociology, 2011, 26(3): 315-345

[171] 段文杰, 盛君榕, 慕文龙, 等. 环境知识异质性与环保行为[J]. 科学决策, 2017 (10): 49-74.

[172] 朱慧. 环境知识、风险感知与青年环境友好行为[J]. 当代青年研究, 2017 (5): 66-72.

[173] 胡意平, 余敬. 环境知识对员工绿色行为的影响——蓄电池企业的实证[J]. 资源开发与市场, 2019, 35 (8): 1044-1053.

[174] 施生旭, 甘彩云. 环保工作满意度、环境知识与公众环保行为——基于CGSS2013数据分析[J]. 软科学, 2017, 31 (11): 88-92.

[175] 高孟菲, 郑晶. 经济发展、政府投入与公众环境友好行为——基于CGSS 2013数据的实证分析[J]. 福建农林大学学报(哲学社会科学版), 2019, 22 (6): 85-92.

[176] 张国兴, 邓娜娜, 管欣, 等. 公众环境监督行为、公众环境参与政

策对工业污染治理效率的影响——基于中国省级面板数据的实证分析[J]. 中国人口·资源与环境, 2019, 29（1）: 144-151.

[177] 卢丽文, 宋德勇, 李小帆. 长江经济带城市发展绿色效率研究[J]. 中国人口·资源与环境, 2016, 26（6）: 35-42.

[178] 张治栋, 秦淑悦. 环境规制、产业结构调整对绿色发展的空间效应——基于长江经济带城市的实证研究[J]. 现代经济探讨, 2018（11）: 79-86.

[179] Tone K A. Slacks-based measure of super-efficiency in data envelopment analysis[J]. European Journal of Operational Research, 2002, 143(1): 32-41.

[180] 刘殿国, 郭静如. 中国省域环境效率影响因素的实证研究——基于社会嵌入视角和多层统计模型的分析[J]. 中国人口·资源与环境, 2016, 26（8）: 79-87.

[181] 张帆. 金融发展影响绿色全要素生产率的理论和实证研究[J]. 中国软科学, 2017（9）: 154-167.

[182] 丁宇, 李贵才. 基于生态效率的深圳市交通环境与经济效益分析[J]. 中国人口·资源与环境, 2010, 20（3）: 155-161.

[183] 迟远英, 张宇. 省际能源效率评价及其影响因素分析——基于Malmquist指数的实证研究[J]. 价格理论与实践, 2016（8）: 113-116.

[184] 白福臣, 张苇锟, 廖泽芳. 进出口贸易与环境效率的异质性——基于中国省际面板数据的实证研究[J]. 经济问题探索, 2016（6）: 134-142.

[185] 许罗丹, 张媛. 基于DEA模型的中国省际生态效率测度与影响因素分析[J]. 河北经贸大学学报, 2018, 39（4）: 30-35.

[186] 李勇刚, 王猛. 土地财政与产业结构服务化——一个解释产业结构服务化"中国悖论"的新视角[J]. 财经研究, 2015, 41（9）: 29-41.

[187] 张森宇, 曲波. 区域创新与经济耦合关系及其对生态效率的影响——基于我国省级区域实证研究[J]. 商业经济研究, 2017（23）: 142-145.

[188] 陈林心, 何宜庆, 程家鼎. 创新、创业与生态效率提升研究——基

于长江中游城市群的空间面板模型[J]. 华东经济管理, 2016, 30 (10): 87-94.

[189] 罗能生, 郝腾. 生产性服务业集聚对中国绿色全要素生产率的影响[J]. 系统工程, 2018, 36 (11): 67-76.

[190] 杨红娟, 张成浩. 企业技术创新对生态效率提升的有效性研究[J]. 经济问题, 2016 (12): 71-76.

[191] Elhorst J P. Spatial econometrics: From cross-sectional data to spatial panels[M]. Berlin: Springer, 2014.